Maria Aparecida Rabaiolli

A DINÂMICA DO PERDÃO

A DINÂMICA DO PERDÃO

Maria Aparecida Rabaiolli

3ª Edição – Revista e Ampliada

CASA DO ESCRITOR

Brasil – 2023

A Dinâmica do Perdão
de *Maria Aparecida Rabaiolli*

Editor
Eldes Saullo

Revisão
Marco Kern

Projeto Gráfico e Editorial
Casa do Escritor

Contato com a autora:
(45) 99972-4701
adinamicadoperdao@gmail.com

Dados Internacionais de Catalogação na Publicação (CIP)

R112d Rabaiolli, Maria Aparecida.
A Dinâmica do Perdão – 3ª Edição / Maria Aparecida Rabaiolli
– Toledo - PR: Publicação Independente
/ Casa do Escritor, 2023.
ISBN 979-8643354772
1. Educação. 2. Motivacional 3. Relacionamentos 4.
Espiritualidade I. Título.

CDD 370

Dedicatória

*Ao único que tem o poder
de transformar desertos
em mananciais.
A Ele a honra, a glória
de todo o coração!*

SUMÁRIO

Maria Aparecida Rabaiolli,

Querida e doce amiga, tornou-se tão sensível à dor alheia que as experiências que a vida lhe trouxe puderam transformar todas essas vivências em valores, ingredientes, como óleo santo em forma de palavras.

Palavras que nos ungem, inspiram, revigoram e nos encorajam a amar a vida e ao próximo como a expressão da essência do Autor da Vida.

Suas ideias e reflexões contidas em seus livros destilam este óleo e este unguento em nossas vidas e se tornam divisor de águas para um olhar mais profundo do sentido da existência humana.

Parabéns por mais esta obra, querida amiga! Seu labor de amor nos alcançou e nos inspirou!

Suleima Cury

❖ Primeiras Palavras

"Recomeçar é um ato de inteligência"

A humanidade está doente? Doente por quê?

Doente por falta de amor, carente de afeto, necessitada de compaixão, buscando compreensão. Enferma por falta de ter alguém para compartilhar seus anseios, medos, dores, conflitos e até suas dúvidas, se é que realmente existe algum objetivo de viver. Às vezes, em meio à multidão, o sentimento é de vazio e solidão.

A desilusão tem afogado nosso povo e nossa gente. Decepções e angústias afloram a cada manhã. A humanidade perdeu a noção do certo e do errado por falta de referenciais. Como fazer para haver esperança, prazer de viver e qualidade de vida?

Não tenho todas as respostas, mas no que depender de mim, o pouco que tenho, compartilho. Não apenas de ouvir falar, mas de experiências vividas que fizeram toda a diferença na minha história e na vida daqueles que tive a oportunidade de caminhar ao lado.

O convite é para você que deseja e tem um legado de colaborar no processo de cura emocional e física da humanidade.

Abraços de coração!

Airam

CAPÍTULO I
INFÂNCIA DESLUMBRANTE

História de Airam

A fazenda do avô

Maria Aparecida Rabaiolli

oça de traços enigmáticos e semblante angelical foi conquistada pelo filho do senhor Ozório, detentor dos mais belos cafezais da região norte do Paraná. De simples paquera, ela se tornou sua esposa e, naquele momento, estava grávida, já no oitavo mês de gestação. Em um dia como qualquer outro, ocorreu um episódio inesperado.

Carregando seu caldeirão de alumínio, bem ariado e com comida quentinha para o marido que trabalhava na roça, ela percorria o pasto, caminhando tranquila e em passos pequenos, por conta de seu barrigão. Repentinamente, foi surpreendida por uma vaca enfurecida. Em um instante, sem tempo para reagir ou elaborar um plano, ela se refugiou em um tronco de árvore caído e oco que encontrou pelo caminho. O bovino, bufando e ofegante, circundava o tronco em busca de seu alvo. Agachada, em uma posição muito desconfortável, a jovem notou que dentro daquele tronco, junto a ela, estava um bezerro recém-nascido – a razão para a ira da vaca.

Por um longo período, agachada, ela alternava entre gritos e orações, mas o auxílio não vinha. Até que sua sogra, carregando a própria marmita, abriu a porteira e ouviu os apelos de minha mãe, alertando-a do perigo iminente. Com astúcia, minha avó desviou a atenção da vaca para si mesma. Enquanto isso, minha mãe aproveitou a distração e se esgueirou ao lado de uma moita de bambu, passando por baixo da cerca de arame.

Ufa! estava salva.

Os cuidados subsequentes ficaram a cargo da minha avó, que lavou os pés da minha mãe com água morna e preparou chás com dedicação. Quinze dias depois, nascia a personagem central desta história, Airam.

Como poderia descrever aquele lugar? Como terras onde os sabiás cantam? Onde o sol surge brilhantemente e se despede com timidez? Essas palavras parecem superficiais e insuficientes.

Era uma fazenda repleta de cafezais, com terras que variavam entre tons de vermelho, verde intenso e um amarelo alaranjado, mudando conforme as estações. Nesse ambiente ondulante e irregular, vivia essa garotinha, a primeira filha do jovem casal, José e Maria Rosa. Um casal encantador e apaixonado: ela com dezesseis anos e ele sete anos mais velho.

O cenário era um espetáculo à parte. Onde quer que se olhasse, havia frutas, flores, terreiros de café e um cruzeiro erguido pela fé fervorosa no meio daquela terra. Próximo a um vale com um rio de águas cristalinas, surgiam fontes naturais por todos os lados. Estas fontes borbulhavam com mais intensidade do que a água nas canecas de alumínio meticulosamente polidas. Ali estavam as casas dos avós, tios e a nossa.

Nossa casa tinha uma varanda ampla, que parecia ainda maior do que realmente era. A menina de olhos verdes e cachos loiros, apelidada de "polaca", teve o privilégio de nascer e crescer em um ambiente repleto de alegria, amor e união familiar.

Seus bisavós chegaram ao Brasil quando tinham por volta de dezesseis anos. Portugueses e espanhóis, plantavam e cultivavam café no norte do Paraná. Os avós, extremamente amorosos com os netos, tinham uma afeição especial por Airam, por ser a primeira neta a nascer naquelas terras.

Sua avó a chamava de *"mi polaquiñã"*, minha polaquinha em seu espanhol aportuguesado. Ela ouvia esse apelido frequentemente. Às vezes era dito com amor, outras vezes com indignação pelas travessuras que a menina fazia.

O correr dessa criança era tão livre quanto gaivotas voando à beira-mar. Com suas pernas finas, ela ganhou o apelido de saracura. Com facilidade, agilidade e ousadia, subia nas árvores de jaca, pêra e manga, tendo sido uma sorte nunca ter quebrado um osso. Quando questionavam: *"quem fez isso?"*, já sabiam quem era e onde encontrá-la. No alto das árvores, no parreiral de uvas que passava sob a cerca, ou no porão das casas de madeira, que frequentemente era seu esconderijo favorito até a raiva passar. Tudo dependia da magnitude da travessura e de quem tinha sido afetado no momento.

Por volta dos seis anos, protagonizou uma travessura inusitada. Ao lado esquerdo da casa do tio Lilin, havia um galinheiro coberto de capim, onde eram chocados galinhas, garnisés, patos e angolas. Esse galinheiro era meticulosamente cuidado e trancado a sete chaves, devido ao valor que ali havia.

Airam, sempre curiosa e criativa, imaginou como seria se um grande incêndio acontecesse naquele local. Com tudo previamente planejado, ela foi atrás do binga[1] de seu avô, que sempre era guardado com muito cuidado. Ela sabia exatamente onde encontrá-lo, sempre no mesmo lugar.

Com cautela, tentando não ser vista pelos adultos, Airam pegou o binga e sutilmente acendeu o capim. Conseguem imaginar a cena? E um detalhe importante: ao lado do galinheiro, bem próximo, havia um enorme monte de lenha empilhada,

---

[1] Isqueiro.

adjacente à casa de meu tio. Para o desespero de todos, os homens que estavam no cafezal desceram em desabalada carreira, completamente atordoados, tentando apagar o fogo antes que a situação se tornasse um desastre.

Galinhas e patas voavam em desespero. Que tragédia! E Airam? Ela só queria ver o fogo.

Naquele dia, sua mãe tinha ido à cidade para uma consulta no dentista. Felizmente, ela não estava lá, ou teria sofrido ainda mais. Todos – pai, avós, tios, funcionários – assustados e em alvoroço, trabalhavam juntos tentando conter as chamas. Nem era necessário perguntar quem tinha sido a responsável. Todos imediatamente disseram: *"Foi a polaca!"* E, antes mesmo do fogo ser totalmente controlado, Airam já estava com as pernas marcadas pela cinta do meu pai.

Este fato ganhou tanta notoriedade, que até hoje, quando encontro meus tios e primos, o assunto vem à tona. Com um pouco de exagero, é claro.

Os espaços eram tão grandes quanto as possibilidades de descobertas, não importando se estas teriam consequências positivas ou negativas.

Éramos quatro primos, mas todas as travessuras eram atribuídas à polaca. Assim, ganhei a reputação, um tanto injusta, de menina arteira. No entanto, ninguém podia negar a impressionante capacidade de aprendizado daquela menina.

Uma das lembranças mais deliciosas que tenho é de quando meu pai, após um dia de trabalho pesado, subia ao final da tarde para o Patrimônio, um pequeno logradouro com cerca de vinte casas, em direção à vendinha do seu Antenor. Eu o seguia, fazendo birra, até que ele me colocava sobre seus ombros. Mesmo subindo uma ladeira cheia de pedregulhos, ele parecia incansável comigo ali. Conversávamos muito durante esses momentos.

Ao chegar na venda (ou armazém, como chamávamos), notava-se que o lugar tinha de tudo: desde querosene para as lamparinas, sacas de feijão vendidas por kg, até foguetes para a festa de São João, e o meu favorito, pão com mortadela. Sempre pedia uma sodinha, e o Sr. Antenor, a pedido do meu pai, furava a tampinha da garrafa para que eu não bebesse tudo rapidamente. Um sorriso surgia em meu rosto, repleto de amor e satisfação. Com um olhar travesso, meu pai já antecipava meu próximo desejo: o doce de abóbora em formato de coração, outro dos meus preferidos.

Sentar naquela banqueta alta e participar das conversas com meu pai era tão gratificante que nem percebia que o refrigerante estava em temperatura ambiente. À medida que a hora de voltar para casa se aproximava, meu pai sempre fazia a mesma pergunta: "O que você quer agora?" Quase sempre, minha resposta era: "Um lápis e um caderno." Ao chegar em casa, com uma energia que parecia inesgotável, quase adormecia sobre o caderno. A ponta do lápis, apontada várias vezes com uma faca, não me detinha. Eu continuava a escrever, praticar, repetir e repetir. Entrei na escola com cinco anos, já quase alfabetizada, sabendo ler e escrever. Isso, em certa medida, foi prejudicial, pois me tornou intolerante com aqueles que sabiam muito pouco, já que não tiveram o mesmo estímulo e experiência que tive.

❖ PRIMEIRA VACINA

Outro momento marcante foi a chegada das primeiras vacinas na escola. Em um dia nublado, com o céu encoberto e tudo parecendo desbotado, a escola foi repentinamente ocupada por pessoas desconhecidas. Seus olhares eram vigilantes e nada acolhedores. Airam, que geralmente gostava de sentar-se na frente, estava na última carteira naquele dia. Ela observava, intrigada, aqueles homens sérios e sombrios desembalando equipamentos de suas maletas estranhas, enquanto os alunos olhavam temerosos, sem saber o que esperar. O ambiente estava carregado de tensão.

De suas maletas, eles retiraram o que parecia uma pistola, mas aos olhos de crianças assustadas, parecia mais uma espingarda. O medo e o choro que se espalharam pela sala eram palpáveis. Nossas carteiras eram de madeira, e nos acomodávamos em grupos de três ou quatro, dependendo do nosso tamanho. Na entrada, um homem imponente ficou de pé, com as mãos levantadas, como se tentasse impedir alguém de sair. Enquanto isso, eu, aterrorizada, planejava minha fuga. Organizei meus materiais, guardados em uma sacola feita de saco de açúcar que minha mãe costurava, com discrição. Estudava a sala, tentando definir o melhor momento para escapar. Aproveitando um momento de distração do homem da porta, deslizei rapidamente por baixo de seu braço e corri. No processo, deixei para trás meu chinelo, que tínhamos o hábito de tirar ao entrar na sala.

Ao chegar em casa, após correr cerca de três quilômetros em uma estrada de cascalho, fui imediatamente questionada sobre por que estava fora de hora. Acabei levando uma bronca. Logo depois, minha mãe verificou minha sacola e, sem hesitar, me repreendeu novamente. Recebi reprimendas por duas razões: a primeira por fugir da vacinação e a segunda por comprar, a crédito na venda, pão com mortadela. Embora meus lanches habituais fossem batata-doce assada, bolo de fubá, mexerica, banana e outros, era considerado elegante levar para a escola o pão com mortadela comprado na venda do Antenor. O real problema não foi o lanche em si, mas o fato de eu ter comprado algo escondido, sem a permissão dos meus pais

Minha avó, com lágrimas nos olhos, frequentemente lavava minhas pernas com salmoura para cuidar das minhas feridas.

No entanto, apesar das punições, eu era uma criança feliz. Era comunicativa, ria muito e deixava uma marca positiva nas pessoas daquele lugar. Era o centro das atenções da família e trazia vida àquele belo local. Havia sempre conversas animadas e risos. Eu estava sempre em movimento: corria, pulava, brincava e, às vezes, brigava. Meus tios tentavam intervir em meu favor, mas quase sempre sem sucesso. Minha mãe era muito protetora e insistia que eu era sua filha e que ninguém mais deveria se intrometer.

No Natal, eu sempre recebia uma boneca de plástico com cabelos loiros. Acredito que ela durava cerca de duas semanas, pois eu adorava modificar tudo nela. Cortava seus cabelos, aplicava o batom e o blush da minha mãe, e fazia vestidinhos com palha de milho e retalhos da costura da minha avó. Meus sapatinhos de verniz vermelho precisavam durar o ano todo. Eram comprados um tamanho maior e, mesmo que eventualmente ficassem pequenos, eu tinha que usá-los. Estava sempre bem vestida, com vestidos femininos, rodados e coloridos. Havia uma saia plissada vermelha que minha mãe confeccionou. Ela contava que levou vários dias para fazê-la, desde cortar até alinhavar e passar os frisos com um ferro, fixando-os com cera de vela. Era meu item favorito. Nas minhas fotos de infância, geralmente estou usando essa saia.

❖ O CAVALO SEM DOMA

Aos oito anos, lembro-me de ver meu tio Dito amarrar seu cavalo baio, de cor marrom avermelhada e porte imponente, ao limpa-pés de ferro na entrada de sua casa. Vale ressaltar que esse cavalo ainda estava sendo domado, e por isso, ninguém deveria montá-lo até que a doma estivesse completa.

No entanto, uma menina travessa e destemida, imaginando-se magnífica montada nele, decidiu dar uma volta. Para conseguir montar, conduziu o cavalo perto de uma escada que ficava junto à casa do meu avô. Silenciosamente, para evitar ser notada, montou o animal e cavalgou em direção ao vilarejo chamado Sete de Maio. Lá, como todos me conheciam, rapidamente começaram os murmúrios. As pessoas se perguntavam se aquele não seria o cavalo do meu tio, que estava em processo de doma. E então começou a tentativa de me fazer desmontar.

Foi um desafio, mas finalmente conseguiram. Pouco depois, meu tio chegou, alarmado por não encontrar o cavalo amarrado e tampouco me ver pela propriedade. Eles temiam o pior. Mas Deus sempre protegeu Airam de uma maneira especial. Imagino que tenha dado bastante trabalho aos anjos designados para cuidar de mim.

❖ NO BANHEIRO SEM ROUPA

Quando minhas travessuras se tornavam demais para lidar, minha mãe, provavelmente exausta de tentar me disciplinar e repreender, optava por me trancar no banheiro, completamente sem roupas. Isso garantia que eu não escapasse para mais uma de minhas aventuras planejadas. Apesar das diversas tentativas de resgate feitas pelos meus tios, minha mãe, protetora como uma onça defendendo seu filhote, não permitia que ninguém se aproximasse

❖ CAÇADAS DE ARANHA

Como irmã e prima mais velha, eu frequentemente liderava o caminho para as outras crianças. Com uma personalidade forte e visionária, meu temperamento agitado sempre ditava o ritmo de nossas aventuras diárias. Uma das coisas que eu adorava fazer era caçar aranhas. Secretamente, pegava um fio de linha resistente, colocava uma pequena bola de cera de abelha na ponta e, com cuidado, introduzia-o nos esconderijos das aranhas. Quando uma aranha mordia a cera, eu puxava rapidamente a linha, causando alvoroço e gritaria entre as crianças. Adorava fazer isso, especialmente quando minhas primas do Sete de Maio, que eram mais delicadas, vinham nos visitar. Como elas não tinham a mesma destreza para caçar aranhas, gostávamos de provocá-las intencionalmente. E, claro, a "culpada" era sempre a polaca!

❖ DIAS DE CHUVA

O aroma suave da terra molhada pela chuva tinha algo de especial que me atraía intensamente. Em dias como esses, a família se reunia para debulhar milho no paiol e fazer doce de leite em pedaços. Sendo uma família numerosa, tudo era feito em abundância: doces, linguiças de porco, sardinhas enlatadas em proporções enormes que duravam bastante. E as manjubas salgadas? Deliciosas! Tudo era valorizado. As melancias trazidas pelo meu avô eram escondidas para que não as pegássemos antes de estarem maduras. Os sacos repletos de mangas maduras perfumavam o ambiente. As carnes de porco conservadas em latas de banha eram um deleite, assim como as pamonhas, cuja preparação durava um dia inteiro. Era uma verdadeira festa: com tachos, água fervente, raladores, mãos e dedos machucados, e até queimaduras na boca por comer sem esperar esfriar.

Os dias de fazer rapadura eram outra celebração. Todo o processo transmitia um sentimento de pertencimento e importância. As crianças colhiam as canas, que, embora poucas e pequenas, eram moídas no engenho movido por cavalos mansos, dando a sensação de que estávamos contribuindo de maneira significativa.

O calor do fogo e os tachos, em conjunto, tinham um significado especial. Enquanto uns ralavam cidras, outros trabalhavam com mamões, e alguns torravam amendoim. Isso tudo para diversificar as rapaduras, que contavam com a habilidade excepcional do meu avô em prepará-las com cuidado e eficiência. As rapaduras feitas pelo vô Ozório eram elogiadas por todos. Ninguém na região produzia rapaduras tão saborosas quanto ele. Eram tão requisitadas que apenas clientes selecionados conseguiam comprá-las.

Onde quer que meu avô estivesse, eu estava ao seu lado. Eu o inundava com perguntas, e ele, com paciência, respondia com clareza e carinho. Quem de nós não guarda na memória um aroma particular, como o cheiro suave da terra molhada, ou a sensação do Jornal do Brasil, ou ainda uma música de Tião Carreiro e Pardinho que o avô escutava, com o ouvido colado ao rádio, que às vezes mal sintonizava?

Recordo-me das mãos delicadas da vovozinha, nossa bisavó. Ela era pequenina, de origem espanhola, e tinha uma amabilidade ímpar. Mesmo após um século de vida, falava com um tom suave. Em momentos de intensa imaginação, eu ouvia sons estranhos, como uivos de lobos famintos, sem perceber que era apenas o vento soprando nas esquinas das paredes.

O galo, bem antes do amanhecer, insistia em lembrar que não precisava da minha força ou coragem para que o sol surgisse. Os relâmpagos que cortavam o céu do lugar provocavam uma aceleração no meu coração, intensificando o medo de alguém tão pequeno diante da vastidão de luzes que iluminavam a terra. Aqueles raios eram impressionantes, brilhantes e passageiros.

❖ FESTA DE FOLIA DE REIS

A festa mais aguardada do ano era a de seis de janeiro, e parecia demorar uma eternidade para chegar. Os foliões de reis, com suas canções, pediam para entrar nas casas. Inclusive meu próprio pai se disfarçava entre eles, e, envolvidos na celebração, nem percebíamos sua ausência naquele instante.

O presépio era meticulosamente planejado por minha mãe. Ela começava plantando arroz para que, na época certa, ele servisse como pasto para a montagem do cenário. Manuseávamos o menino Jesus na manjedoura com tanto cuidado que parecia possível machucá-lo, ao menos em nossa fértil imaginação infantil.

Lembro-me de cortar a franja do meu cabelo esperando ingenuamente que minha mãe não notasse. E do medo que sentia após brincar na lama, sujando as roupas e me arrependendo após levar uma bronca, até que a próxima chuva chegasse e a cena se repetisse. Ou de quebrar ovos no ninho e, com lágrimas nos olhos, alegar: "não sei quem foi!"

❖ SUBORNO DAS CARTAS

Meu tio de Zóro, como o chamávamos, costumava me 'subornar' com doces sempre que precisava escrever cartas para suas namoradas. Sentávamos no alpendre florido da minha avó, e com uma certa dose de solenidade, ele ditava e eu escrevia com minha letra cursiva e caprichada.

Minha tia Cidica, bem mais jovem e também fã de apelidos, por vezes me convencia a massagear suas pernas e coçar suas costas. E, claro, isso tinha um preço: doces de leite e bolachas.

Um dia, decidi colher todas as flores roxas do alpendre para enfeitar minha brincadeira de casinha. Passei horas nessa atividade, mas ao final do dia, minha avó, ao ver suas plantas despojadas de flores, relatou à minha mãe. E sim, fui repreendida. Minha avó não reconheceu a criatividade por trás daquela ação.

Há tantas memórias que marcaram meu coração, tanto em dias ensolarados quanto nublados. Já mais crescida, tinha um amor imenso por leitura. Lutava contra a fraca iluminação das lamparinas para ler Machado de Assis à noite. Durante o dia, estava ocupada partilhando minha criatividade com meus irmãos e primos.

Lembro-me das travessuras, alegrias e das corridas para encontrar meu avô voltando da cidade, na esperança de receber algum agrado. Tudo era intenso e significativo. Nos contentávamos com uma simples bala ou pirulito. Antes de chegar à escola, lavava os pés e calçava meu tênis Conga, mas na sala, usava um chinelo de dedo.

Sempre que meu Biotônico Fontoura acabava, eu passava, sem permissão, na farmácia do Sr. Antônio e trazia outro frasco. Ele sempre elogiava meus cabelos loiros, e isso me enchia de alegria. Minha cartilha "Caminho Suave" foi tão bem estudada que ainda me lembro de alguns títulos dos enunciados: Abelha, Elefante, Igreja, Ovo, Unha.

E as tarefas escolares? Sempre feitas com esmero, uma exigência dos meus pais.

Agora, em 2023, aos meus sessenta e dois anos, ainda sou fonte de risadas em encontros familiares ao relembrar as travessuras da minha infância. E a cada reunião, descubro novas histórias que nem eu mesma recordava.

Sou lembrada como uma criança sorridente, falante e genuinamente feliz.

❖ A MENINA MOÇA

A menina de olhos vivos e mente ágil e perspicaz começou a crescer, e os traços da juventude se desenhavam em seu rosto. Seu caráter foi moldado por valores familiares, tempo de qualidade e afeto. A rotina era repleta de corridas, pulos e brincadeiras que pareciam não ter fim. Sentia como se tivesse vivido toda uma vida em seus nove anos, cada momento carregado de significado.

Ela era como um broto, lentamente perdendo sua fragilidade, transformando-se com a mesma paciência com que a natureza muda flores em frutos.

O tempo trouxe mais responsabilidades. Seu corpo começou a perder o aspecto infantil e desajeitado, com os pés crescendo de maneira desproporcional, sinalizando uma transição para a fase adulta. Tudo parecia novo e estranho. Ficou encantada com as letras que pareciam dançar diante de seus olhos, apresentando um mundo vasto e maravilhoso.

Em seguida, veio o tempo do exame de Admissão, uma espécie de vestibular para os que concluíam o ensino primário e almejavam entrar no Ginásio. O propósito desse exame temido era selecionar os estudantes mais preparados para o que hoje chamamos de Ensino Fundamental 2.

Embora eu fosse muito jovem para o exame de Admissão, havia uma luz em meus olhos que mostrava a todos o quão apaixonada eu estava pela oportunidade de aprender mais. Por um lado, eu estava fascinada com a possibilidade de avançar nos estudos, enquanto, por outro, meu pai trabalhava incansavelmente para garantir toda a documentação e autorizações necessárias para que eu pudesse entrar no tão desejado Ginásio.

Não me lembro de preparar minha mala nem de antecipar a saudade que sentiria das pessoas e do sítio, que gradualmente se tornou uma mera imagem no retrovisor da minha nova jornada. Ingressei no Ginásio em uma cidade a trinta quilômetros de casa e morei com meus tios. Por um lado, a experiência de morar longe era empolgante, mas, por outro, sentia muita falta dos meus pais. Eles frequentemente me visitavam, usando o Jipe do meu tio Toniquinho. Embora estivessem orgulhosos de mim, as recomendações eram sempre reforçadas. E meus tios, que me tratavam com muito carinho, as seguia às riscas, o que significava ficar trancada em casa.

Airam era resiliente, estudando em uma das melhores escolas da cidade. Vestida com sua saia de pregas azul-marinho do uniforme escolar, ela adorava cantar e dançar pelas ruas, equilibrando-se nos meios-fios. Tudo era uma novidade: as ruas asfaltadas, os postes que iluminavam a noite, o fluxo constante de carros e até mesmo a rodovia se tornava motivo de admiração e encantamento. A quantidade de ônibus que via era impressionante! Na escola, ao invés de um único professor, havia vários, o que era uma surpresa para ela. No caminho para a escola, parava em uma padaria e comprava um pão com margarina, um produto do qual nunca tinha ouvido falar. Uma colega lhe informou que a margarina era algo recentemente lançado no mercado. Airam, sempre curiosa e aberta a novidades, rapidamente deduziu que a margarina era uma espécie de manteiga urbana. Seu pai lhe dava moedas todos os dias para o lanche, facilitando sua adaptação à nova rotina. Mesmo assim, sempre que possível, ela retornava ao campo para visitar seus pais e desfrutar da exuberante natureza e da sensação de liberdade que ela oferecia.

Havia apenas uma coisa que eu não gostava na casa do meu tio Eurípedes: após todos almoçarem, somente eu era responsável por lavar a louça. Considerava isso injusto, mas transformava o momento em diversão, cantando e dançando, usando os talheres como se fossem microfones. Na sala, uma televisão recém-adquirida, ainda em preto e branco, chamava minha atenção. Enquanto minhas mãos ensaboavam os pratos na cozinha, minha mente estava focada naquelas imagens que surgiam naquela caixa misteriosa.

Mesmo estando longe, recebia todo o cuidado dos meus pais. Eles frequentemente traziam diversas provisões para meus tios, como gordura de porco, linguiça e arroz. Tudo era fornecido em abundância, garantindo que eu tivesse uma alimentação adequada.

❖ QUERO MINHA VIDA DE VOLTA

Aos doze anos, via a vida como algo belo e prazeroso; tudo parecia radiante e gratificante. Como desejei acordar naquela manhã e descobrir que tudo não passava de um pesadelo. Em um dia que começou como qualquer outro, no qual eu esperava que tudo desse certo, meu mundo foi abalado irremediavelmente. Não me recordo de como a notícia me alcançou, mas quando soube, as decisões já haviam sido tomadas e pouco ou nada podia ser feito para revertê-las.

No sítio, tudo era vivido com intensidade, e isso incluía as frequentes discussões familiares entre meu pai, meus tios e meu avô. Brigavam com fervor, rompiam laços, mas logo a amizade era restaurada com a mesma rapidez com que se desfazia. No entanto, aquele dia foi diferente. A tensão alcançou níveis extremos, e as palavras proferidas eram duras, carregadas de efeito moral e emocional devastador. Os burburios[2] circulavam, insinuando que as armas da fazenda estavam em destaque naquele dia.

Todos na fazenda trabalhavam arduamente. No entanto, dois de meus tios optaram por um caminho diferente, evitando o intenso trabalho diário. Eles arreavam seus cavalos com pompa, adornando-os com pelegos vermelhos, e saíam para negociar – comprando e vendendo animais, adquirindo terras e aumentando seu capital. Essa era a fonte das desavenças familiares. Os bens da fazenda eram compartilhados, e meu avô, como detentor das finanças, distribuía os recursos conforme as necessidades de cada um, inclusive para aqueles tios que não se dedicavam aos cafezais. O

---

[2] **Burburios**: Falações não entendíveis de uma ou mais pessoas; resmungos; choramingo; lamentações; ou ainda, conversa baixinha sempre no sentido de reclamar ou fofocar de um terceiro.

que inicialmente parecia uma mera rusga[3] com o tempo cresceu, tornando-se uma cratera que ameaçava engolir a todos.

Meu pai, exausto e magoado com toda essa situação e carregando um profundo sentimento de injustiça, decidiu recomeçar. Ele se juntou a um irmão de minha mãe que atuava no comércio de

madeira. Esse tio adquiria florestas, realizava o desmatamento e, em seguida, vendia a madeira para madeireiras e serrarias. O negócio ia de vento em popa.

"Costumo comparar um coração ferido pela mágoa a um cachorro acorrentado: mesmo com o impulso de avançar, ele é detido pelas correntes que o prendem".

Na superfície, tudo parecia bem; a vida era repleta de festas e novidades me fascinavam.

---

[3] **Rusga:** desordem, questão, confusão, pequena briga ou desentendimento entre duas pessoas.

Quando meu pai deixou a fazenda do meu avô, ele não fez um acerto formal pelo tempo trabalhado. No entanto, seu novo emprego proporcionava mais do que o suficiente para sustentar nossa família, que agora consistia em quatro filhos e sua esposa. Mas essa felicidade superficial teve vida curta.

A realidade agora era uma casa recém-construída e um caminhão Ford sem cabine, que usávamos para transportar madeira. Esse caminhão me proporcionou muitas histórias e aprendizados.

Nos anos 70, a extração de madeira era uma prática comum e legal. Eu auxiliava meu pai a medir o volume das madeiras, multiplicando a altura, largura e comprimento. Eu era muito habilidosa nos cálculos, e a vida seguia seu rumo, aparentemente sem maiores problemas.

Percebia que meu pai, naturalmente sanguíneo e vibrante, agora trazia no rosto um semblante triste e abatido.

Suas piadas tornaram-se raras, e as brincadeiras já não possuíam o mesmo encanto. O sorriso, que antes estava sempre presente, agora parecia obscurecido. Através dos olhos de uma jovem, percebi que o pai a quem tanto amava parecia estar se perdendo em suas mágoas e ressentimentos. Seu amor parecia envolto em indiferença. Gradualmente, senti que já não ocupava um lugar em sua vida e em seu coração. Aquele homem, que sempre foi meu herói e por quem tinha profunda admiração, parecia distante. Os momentos de qualidade e as risadas espontâneas, que nos faziam correr um para o outro, já não faziam mais parte da nossa rotina.

Lembra do caminhão Ford? Pois bem, foi nele que aprendi as primeiras noções de direção. Quando meu pai saia, eu juntava os dois fios que davam a partida, pois não havia chave, engatava a marcha em um câmbio de quase um metro de altura, movimentando para frente e para trás. Antes do meu pai chegar, varria o grande quintal para não mostrar os rastros que havia deixado. Tudo parecia muito bem, praticando, praticando, sem que ele imaginasse a arte. Minha irmã frequentemente me chantageava, ameaçando contar ao nosso pai, a menos que eu lavasse a louça por ela. Mantive o segredo até um dia em que perdi o controle do caminhão. Acelerei demais e acabei derrubando a cerca de madeira do nosso vizinho. Ufa! Apanhei muito, mas pelo menos a chantagem com a louça chegou ao fim.

Com uma predisposição familiar ao alcoolismo, esse período mostrou-se determinante. Sem visitar seus pais, meu pai não era mais o mesmo. Abatido, começou a beber diariamente após o trabalho. E, em seguida, veio a notícia devastadora: meu tio, que também era o patrão de meu pai, sofreu um acidente e faleceu. O mundo do meu pai desabou. Sem um pilar de sustentação, e tendo que tomar decisões por conta própria, ele optou por refugiar-se no vício. Seu compromisso com o trabalho foi diminuindo, e começamos a enfrentar dificuldades financeiras. Ele, que era um pai amoroso, amigo e conselheiro, transformou-se em alguém quase irreconhecível.

Como se estivesse assistindo a uma peça de teatro, desejava que tudo aquilo acabasse rápidamente. No entanto, essa esperança era em vão. Para aceitar que a realidade havia mudado, enfrentei inúmeros conflitos internos. A dor não era apenas minha; meus irmãos e minha mãe também sofriam. Já não nos sentávamos mais nos degraus de madeira da porta da sala para ouvir meu pai cantar canções tradicionais, acompanhado pela segunda voz de minha mãe. O violão, antes tão presente, agora repousava em um canto, com suas cordas desafinando, assim como nossas emoções. As memórias de nós correndo ao som daquelas canções familiares e animadas pareciam cada vez mais distantes. A vivacidade da nossa casa foi sendo substituída por um silêncio ensurdecedor, ocasionalmente interrompido por gritos e choros.

Aos quatorze anos, comecei minha jornada como professora de alfabetização. Conciliava os estudos com o trabalho e ainda auxiliava minha mãe nas tarefas domésticas, uma vez que ela teve que assumir as responsabilidades financeiras, já que meu pai não trabalhava mais. Trabalhar e ajudar não eram tarefas árduas; a sala de aula representava um universo maravilhoso para mim. O desafio real era retornar para casa e deparar-me com uma família fragmentada, atingida pelo vício e pelas inúmeras adversidades que surgiram a partir dessa realidade.

O brilho no olhar e o sorriso daquela menina esguia foram gradualmente ofuscados pela tristeza e desilusão. Sua mãe, atuando como costureira, buscava incrementar a renda dando aulas de corte e costura para manter a casa. Embora habilidosa em juntar tecidos, ela não conseguia fazer o mesmo com sua vida e sentimentos. Existia uma dor latente em cada membro da família, e nenhuma costura parecia ser capaz de reparar as feridas emocionais que carregávamos.

As discussões eram frequentes. A cada dia, quando meu pai retornava, as queixas sobre os filhos desencadeavam sua ira. Sem hesitar, ele desprendia o cinto com uma rapidez que mal permitia qualquer reação. Desde sempre, mantive um traço distintivo em meu caráter: não deixar pendências. Quando meu pai ordenava uma punição, enquanto meus irmãos dispersavam em busca de refúgio, eu prontamente me apresentava. Detestava a ideia de ficar em constante fuga, carregando aquele peso de ansiedade. Geralmente, após minha submissão, a ira de meu pai arrefecia, e meus irmãos, ao retornarem cautelosamente, muitas vezes escapavam da punição.

Minha irmã mais nova frequentemente debocha de mim, afirmando que eu era tola. No entanto, para mim, a angústia da espera era mais torturante do que a própria surra. Em muitas ocasiões, precisei vestir roupas de manga longa no verão, escondendo as marcas das agressões. Não tinha mais o conforto do colo da minha avó para aliviar as dores.

Ocultar marcas de violência, sejam elas físicas ou emocionais, é uma tortura que só quem já viveu pode compreender. A vergonha de revelar que alguém nos feriu nos priva do consolo que tanto necessitamos. O sorriso forçado que esboçamos nesses momentos torna-se quase uma punição adicional.

Nenhuma peça de roupa conseguia ocultar as marcas da violência. Antes mesmo de minha pele ser afetada, minha alma já estava ferida por palavras que, muitas vezes, eram mais cortantes do que os atos físicos.

As mágoas e ressentimentos se acumulavam. Deitava à noite e me perguntava: onde estava aquele pai que costumava me carregar no colo, me envolver em seus abraços? Sua voz, antes doce e carinhosa, agora era carregada de maldições. Em vez de expressar amor, só proferia ódio. Passamos a viver em constante estado de alerta, buscando refúgio onde podíamos. Muitas vezes, nossa única proteção era um acolchoado de lã de carneiro, mesmo nos dias mais quentes.

As marcas físicas eram tão profundas quanto as cicatrizes emocionais gravadas em minha memória. Minha mente estava em desordem, e meus pensamentos se tornaram turvos. Estava perdida em meio a tanta dor.

Recordo-me de um episódio em que uma amiga compartilhou uma história sobre a família para a qual trabalhava. Parecia uma informação inofensiva. Na minha inocência, repeti a história para minha mãe, sem perceber a chegada do meu pai. Fui surpreendida por sua reação violenta. Ele me derrubou, e com suas botinas pesadas, atingiu meu pescoço. Quase morri. A intensidade da agressão foi tal que me fez sangrar. Em meio àquela situação, confesso que, por instantes, desejei a morte em vez de testemunhar mais uma das crueldades daquele que já foi meu amado pai.

Minha mãe, aparentemente desorientada diante das complexidades da situação, muitas vezes provocadas por ela mesma, recorria a desmaios simulados. Em pânico, tentávamos reanimá-la, esfregando álcool em seus pulsos, chamando-a e chorando desesperadamente. Eram momentos angustiantes. Na época, eu não tinha maturidade para entender tudo o que estava acontecendo. Hoje, com outra perspectiva, percebo o quanto ela também foi afetada por todas aquelas transformações. Somente Deus conhece as profundezas do que ela sentia. Ela também havia perdido a atenção e parte do carinho daquele homem que um dia amou intensamente.

Denunciar nossas travessuras era, para ela, uma tentativa de mostrar-se eficaz e reconquistar a atenção de meu pai. Mesmo que essa atenção resultasse em sua ira, o que para nós era uma experiência dolorosa. Para minha mãe, talvez fosse um último recurso desesperado para tentar trazer meu pai de volta à realidade, para fazê-lo sentir algo, mesmo que fosse raiva.

Me sentia traída e desprotegida, exposta a castigos que frequentemente pareciam injustos e excessivos. Hoje entendo que talvez fosse o único meio que minha mãe conhecia de lidar com a situação. Esse pensamento me vem à mente sempre que as cicatrizes tentam reavivar as memórias das feridas que já estiveram ali.

Cicatrizes são sensíveis. Qualquer um que já tenha se submetido a uma cirurgia sabe que até uma simples mudança climática pode ser suficiente para despertar uma reação no corpo. É como se nossa pele, ossos e nervos fossem constantemente lembrados de que já foram lesionados ou fraturados em determinado local. Da mesma forma, a alma não esquece das aflições que enfrentou. É nosso papel recordar que, entre a ferida e a cicatriz, há um remédio chamado tempo.

Um novo membro chegou àquela casa, sem aviso, invadindo e usurpando a tranquilidade que lá existia. ***Seu nome era alcoolismo.***

Naquele momento, atentar-se ao bem-estar emocional dos filhos parecia algo distante e inalcançável. Assim, feridas foram se abrindo, sentimentos e pensamentos tornando-se enfermos, com a autoestima corroída por palavras depreciativas. Parecia que tudo ao redor convergia para um ambiente de desesperança. Portanto, quando abordo este tema, é a partir da vivência profunda do que realmente experimentei.

Se há alguém que um dia, em suas loucuras e doenças da alma[4], pensou em acabar com a sua

---

[4] Alma: No grego *psykhé* equivalente a Pensamentos, sentimentos e volição ou vontade do ser humano.

própria vida e a de outrem, essa pessoa fui eu, referindo-me ao meu pai. Palavras que machucaram, surras que deixaram marcas indeléveis em minha memória, desprezo, menosprezo e raízes profundas de rejeição foram constantes. Já não sabia mais o que era real ou o que se tratava de uma síndrome e distúrbio de pensamentos confusos, típicos de uma adolescente e, posteriormente, de uma jovem desesperada. Estava sem direção e sem saber para onde ir. Sem esperança e sem um caminho claro a seguir. Procurava no mundo um ombro, um colo, um ouvido, e parecia que quanto mais buscava, mais distante ficava e menos encontrava.

Paralelamente a isso, eu estava doente! Minha compreensão estava deturpada, meu entendimento parecia conspirar contra mim. Os relacionamentos se desfaziam diante dos devaneios da minha mente.

Em meu coração, predominavam mágoa, ressentimento, falta de perdão e tudo o que poderia

ser caracterizado como um "coração ferido", con-
duzindo-me a um destino incerto.

Frequentemente, me pegava pensando: que solução deveria tomar? Ah! Como eu desejava que
um livro ou algum tipo de leitura como esta caísse
em minhas mãos!

Era estudiosa, batalhadora e com um imenso
desejo de aprender. Queria escapar do mundo de
contradições que assolava o meu ser. Assim era a
vida de Airam.

De uma menina alegre e radiante a uma jovem
com a alma machucada.

Os membros mais próximos de sua família eram
a causa de sua desilusão e desespero. Por isso, faço
um convite especial para continuar essa leitura e
acompanhar o desenrolar desta história. A partir
daqui, começamos uma série de estudos sobre o
tema deste livro.

Garanto que você não se arrependerá!

Relate aqui algumas lembranças da sua infância, que você traz na memória:

CAPÍTULO II
APRISIONADOS POR INTEIRO

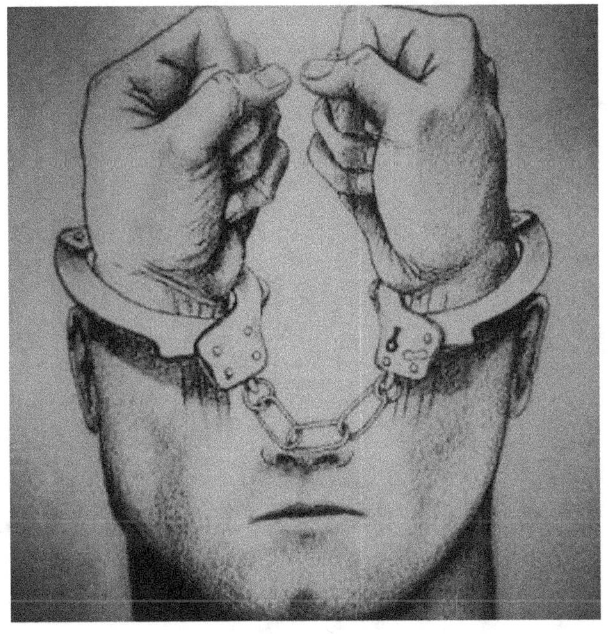

Conceituação

O que acontece quando uma pessoa se sente completamente aprisionada, confusa em suas emoções, pensamentos e na sua capacidade de tomar decisões?

Você pode se perguntar: Qual a relação entre o primeiro capítulo e este tema sobre a Dinâmica do Perdão?

A decisão de estudar este tema não foi intencional ou planejada. Ele emergiu devido à sua relevância percebida primeiramente em minha vida pessoal e, posteriormente, nas instituições de ensino, em aulas ministradas por mim, através de palestras, cursos e, sobretudo, de pesquisas reais sobre o assunto. Dediquei-me a este estudo por mais de três décadas de forma intensiva. A experiência que adquiri impõe sobre mim a responsabilidade de deixar por escrito um legado, visando colaborar no processo de libertação de pessoas que, muitas vezes, sofrem em silêncio, sem ter com quem compartilhar suas dores e sem encontrar esperança e luz para o seu caminho, bem como cura para suas vidas.

A partir de agora, entramos na parte pedagógica, que será descrita para uma melhor compreensão.

❖ O QUE SIGNIFICA DINÂMICA?

A palavra "Dinâmica" vem do grego *"Dinamike"*. Seu significado real refere-se a um componente de extrema força, com capacidade e poder para superar as maiores resistências da natureza, como pedras, rochas e edifícios. Para elucidar, é como se fosse uma dinamite com forças imensuráveis de destruição.

A dinâmica do perdão pode ser comparada a uma força capaz de detonar com intensidade suficiente para libertar o ser humano das mais profundas prisões – sejam elas causadas por mágoa, ressentimento, traumas ou ódio do coração – e das amarras emocionais.

❖ O QUE SIGNIFICA PERDÃO?

O perdão, ou a falta dele, tem suas raízes nos pensamentos. "Penso, logo decido perdoar ou guardar mágoa."

Na química, para formar uma molécula, é necessário potencializar átomos de oxigênio dentro da célula. Contudo, há um limite máximo nessa composição e formação química. Se adicionarmos átomos além do permitido, a estrutura eclode. É por isso que temos compostos como clorito, hipoclorito, cloreto, clorato, perclorato, permanganato e peróxido. O prefixo "per" indica o nível máximo de átomos em uma molécula. Quando alcançamos o limite máximo, usamos o prefixo "per". Algo pode estar feito ou pode estar perfeito. Podemos seguir ou perseguir. O "per" indica o nível máximo.

O oposto do amor é o egoísmo. Uma das características do egoísmo é o ato de apenas receber, enquanto uma das características do amor é o ato de doar-se. Desse conceito, surge também o termo "perdoar".

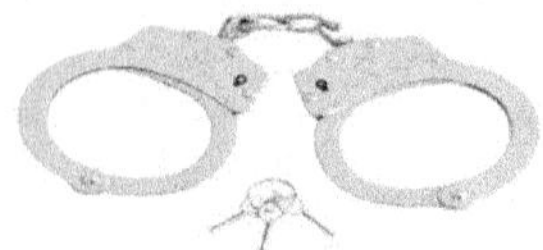

A palavra "perdão" significa, de fato, perda ou grande perda.

Perdoar é, então, liberar, soltar, desamarrar, deixar livre, deixar ir. É o livramento da escravidão ou prisão, a remissão das penalidades ou dívidas.

O perdão é a chave
que abre as algemas.

No idioma grego, temos *"aphesis"* e *"aphiemi"*, que significam enviar para outro lugar, abandonar, expelir, negligenciar, desistir, deixar ir, não reter, abandonar de acordo com os próprios anseios, de modo que todas as reivindicações sejam renunciadas e destituídas. Esta ideia de "soltar" nos faz entender que perdoar é uma atitude pessoal, decisiva e singular.

Consideremos, então, o contexto histórico para uma melhor compreensão:

❖ FATOR HISTÓRICO

Conta-se que, na antiguidade, durante o Império Romano, os piratas etruscos tinham uma prática cruel como punição para certos crimes. Essa forma de castigo era tão terrível que os próprios etruscos se revoltavam contra os que a aplicavam. Era chamada de "Necroforia", termo usado na época. Consistia em amarrar o corpo de um morto nas costas do criminoso, que era solto pelas ruas da cidade. Ele era obrigado a gritar em voz alta: "Sou um desgraçado! Sou um desgraçado!" até que conseguisse se livrar do cadáver.

Assim, se alguém assassinasse outra pessoa, o assassino teria que carregar o corpo da vítima amarrado a si até conseguir se desvencilhar dele. Somente assim poderia se ver livre da sua condenação. Caso contrário, seria consumido pelos vermes que migravam do corpo do morto para o seu próprio corpo. Talvez por isso o Apóstolo Paulo tenha dito em Romanos 7:24: *"Desventurado homem que sou! Quem me livrará do corpo desta morte?"*. Pelo que se sabe, a origem do termo "perder" pode ter vindo dessa prática. Era proibido ajudar o criminoso a se livrar do cadáver. Se alguém fosse flagrado ajudando, seria condenado à morte juntamente com ele. Por isso, a responsabilidade de se livrar do corpo era estritamente individual.

Você pode decidir: soltar ou permanecer aprisionado.

Imaginemos agora o sentimento de uma pessoa carregando um cadáver sobre os ombros sob o sol escaldante. O suor, o cansaço, o peso insuportável, os pensamentos acelerados, a insônia, o medo, o desânimo, a fadiga, a tristeza, a fome, o humor deprimido, a angústia, o sentimento de culpa, a solidão, a depressão, a síndrome do pânico, a ansiedade e a sensação constante de morte...

É impressionante! Ao observarmos e analisarmos esses sintomas, percebemos que são exatamente os mesmos que acometem pessoas com mágoas, ressentimentos e que não conseguem perdoar. Esse aprisionamento mental é tão real e avassalador que o peso e o tormento afetam a racionalidade, levando-nos a estados de irracionalidade que nos impedem de:

- Tomar decisões de forma assertiva.

- Pensar e raciocinar com clareza e equilíbrio.

- Ver as situações como elas realmente são.

- Discernir entre o que é aparente e o que é real.

Segundo a psicologia, nunca devemos tomar decisões quando estamos com raiva ou após uma noite mal dormida. As consequências podem ser desastrosas. Reflita sobre isso! A raiva é uma inimiga da lucidez mental.

A dualidade e contradição observadas dão a impressão de uma divisão interna, como se houvesse dois seres distintos. De um lado, a passividade prevalece, e do outro, surge uma ferocidade quase "esquizofrênica" devido à extrema variação de humor, sentimentos e pensamentos confusos originados de conflitos internos. A batalha interna parece interminável, e os tormentos mentais parecem invencíveis.

As tragédias mais profundas ocorrem precisamente nesses momentos de irracionalidade, que ofuscam a compreensão da pessoa ferida. Divórcios, homicídios, suicídios, desentendimentos e palavras que denigrem a autoimagem e a autoestima tornam-se rotinas diárias. As escolhas feitas em meio a este turbilhão emocional são devastadoras. Jovens enveredam pelos caminhos do vício, pais abandonam seus filhos rumo ao desconhecido, e as cicatrizes e traumas mentais deixam marcas indeléveis.

"Só os sábios perdoam. Os tolos guardam mágoas".

❖ MÁGOA

A palavra "mágoa", originária do latim "mácula", simboliza um sentimento de desgosto, tristeza, amargura e ressentimento. Representa um descontentamento que, mesmo que por vezes suave, pode deixar vestígios que duram muito tempo, ou até mesmo uma vida inteira. Essa emoção pode se manifestar no rosto, nas palavras e na postura de alguém com o olhar baixo. Eu era assim.

Literalmente, "mágoa" pode ser interpretada como "má água", prejudicial àqueles que a consomem. Muitas vezes, ao guardarmos essa mágoa, desejamos que outros sejam afetados por sua contaminação e sofram. Entretanto, ao reter algo tão nocivo, somente eu mesma sofro, tornando meu interior semelhante a uma lixeira, esgoto ou até mesmo um aterro sanitário.

Já notou o quão complicado é estar próximo de alguém amargurado? Isso afeta o humor, abate a alma e distorce nossa percepção das pessoas e situações ao redor. Alimentar a mágoa torna-se um hábito. Se não tratada através do perdão, este comportamento se solidifica em nosso cérebro, moldando um estilo de vida – e um bastante prejudicial.

*"O Perdoar não é sinal de fraqueza
e nem de pobreza psicológica,
mas de inteligência e sabedoria"*

Perdoar não significa justificar quem nos feriu nem concordar com injustiças. Perdoar é uma escolha. E os frutos dessa decisão trazem consigo qualidade de vida. Considere o seguinte versículo, de Deuteronômio 30;19:

> "Hoje invoco os céus e a terra como testemunhas contra vocês, de que coloquei diante de vocês a **vida** e a **morte**, a **bênção** e a **maldição**. Agora **escolham** a vida, para que vocês e os seus filhos vivam.

O Dr. Fábio Damasceno, psiquiatra do Rio de Janeiro, afirma que cultivar o perdão ou a amargura depende de nossas decisões.

Perdoar é como um fogo consumidor que purifica e desintoxica nossa alma – composta por pensamentos, sentimentos e vontade. Isso torna nosso ser mais leve, limpo e transparente. Gastar tempo com ressentimentos é desperdiçar nossos dias, é bloquear o sol e impedir a vida de florescer. É ofuscar a beleza e a contemplação da inteligência. Apenas os sábios perdoam, enquanto os tolos se apegam às mágoas, como diria Augusto Cury.

❖ A ILUSÃO DA MÁGOA

Caminhar pelo terreno da mágoa é como pisar em um campo minado. A qualquer instante, pode haver uma explosão, trazendo consequências devastadoras, causando dores e feridas difíceis de curar, deixando marcas no corpo e na alma.

Os pensamentos, sentimentos e desejos, que compõem a nossa alma, deixam de estar em harmonia, perdendo a sintonia emocional e o propósito para o qual fomos criados.

Mesmo com as cicatrizes externamente curadas, em seu núcleo, as células carregam lembranças, reproduzindo os efeitos e consequências das explosões devastadoras que ocorreram anteriormente. Então, questiono: vale a pena? E quando desconhecemos o tema, ainda assim sofremos as consequências?

"A ignorância do saber não muda as ordens ou as leis regimentais."

No entanto, existem leis que superam outras. Por exemplo, quando soltamos uma pena no ar, ela cai, guiada pela lei da gravidade. Mas um avião, com toneladas de peso, consegue voar. Isso mostra que uma lei pode prevalecer sobre outra. O avião obedece à lei da aerodinâmica, não à da gravidade, por isso ele não cai.

Assim, a lei da aerodinâmica supera a lei da gravidade. A você, que se aprofunda nestas páginas, peço que vá além das palavras e que:

*"A lei que sobrepuja a mágoa
é a lei do perdão." E está exponencialmente acima.*

Aos dezessete anos, Airam conheceu um jovem encantador, alto e muito cobiçado pelas jovens da cidade. Seus olhos cor de mel se fixaram em Airam. No entanto, devido às suas feridas emocionais, baixa autoestima e a sensação de que tal rapaz era inatingível, ela inicialmente o descartou. Ambos estudavam no mesmo colégio e seus olhares se cruzavam diariamente. Em casa, a situação não melhorava; a dor apenas intensificava e o desejo de escapar daquele ambiente se tornava cada vez mais forte. O jovem, a quem chamarei Ziul, fazia questão de estar sempre por perto. No coração de Airam, começou a surgir uma faísca de esperança. Lentamente, eles se aproximaram, conversando em meio a grupos de amigos. O jeito tímido e respeitoso de Ziul conquistou Airam, e uma paixão começou a florescer entre eles. Cinco anos depois, se casaram, mas não sem desafios pelo caminho. O relacionamento teve seus altos e baixos, e uma doença mental que apenas o amor poderia superar.

Já estabelecida como professora universitária e mãe de um filho, estando grávida do segundo, Airam começou a enfrentar não apenas doenças psíquicas, mas também psicossomáticas. Enfrentou depressão, riscos de aborto, relacionamentos desfeitos e, por doze anos, problemas respiratórios que a fizeram ser desacreditada pelos médicos. Diante da perspectiva de morte, buscou algo que lhe desse esperança, principalmente o desejo de ver seus filhos crescerem. A lei do conhecimento e da vida, que abraça o perdão, se revelou a ela, mostrando seu verdadeiro poder transformador.

Sem saber para onde ir, sem luz e sem ânimo, Airam soube de um líder eclesiástico que ajudava pessoas com depressão. Tomou coragem e buscou ajuda. Ao compartilhar sua história, uma revelação surgiu: a mágoa que sentia de seu pai. A princípio, Airam duvidou, mas, desesperada e obediente, decidiu orar, buscando perdoar o homem que tanto amara e detestara. Ao declarar seu perdão, sentiu-se leve e liberta ao deixar o local. No dia seguinte, sentiu-se mais tranquila, clara e menos conflituosa. Com o passar dos dias, essa sensação de libertação apenas se fortaleceu. Ela percebeu que tinha deixado a depressão e os pensamentos suicidas para trás, como quem olha pelo retrovisor e vê o passado se distanciando.

Em pastos verdejantes, rumo às águas serenas, a alegria começou a refletir em seu semblante.

O risco das feridas abertas pelo ressentimento é profundo e prejudicial, e toda vez que a questão é relembrada, a dor parece se intensificar.

Considere o processo do ressentimento:

Penso, nutro esse pensamento, ampliando sua magnitude, **retroalimento**, intensificando esse ciclo insalubre. Rapidamente, isso fica gravado na memória. Metaforicamente, é como se fosse uma tatuagem na alma. A partir daí, as emoções começam a se manifestar, influenciando nossas reações e comportamentos, expondo nossas feridas internas e, consequentemente, dando origem a doenças psíquicas[5] como depressão, ansiedade, estresse, síndrome do pânico, entre outras.

---

[5] Relacionado com o que ocorre no âmbito mental e comportamental de uma pessoa: fenômenos psíquicos.

Penso, nutro, retroalimento, gravo na memória e, naturalmente, isso se manifesta em meus gestos e atitudes.

O processo de Psicoadaptação[6] entra em um ciclo vicioso, alterando até mesmo as conexões cerebrais e comportamentais.

Quase impossível viver com este organismo tripartite[7] tóxico. As frequências cardíacas descontroladas e as tensões musculares se assemelham a carregar um cadáver nos ombros: pesado, malcheiroso e em decomposição. Nada parece certo. Os dias são tomados por densas trevas. A comida perde o sabor. A vida perde o encanto. Mesmo rodeado de pessoas, o sentimento de solidão é avassalador e constante. Os gritos de socorro parecem ultrapassar as leis da natureza, e a voz não consegue ser ouvida. Aqueles ao redor não compreendem. O silêncio ensurdecedor, carregado de uma chuva tóxica, faz com que aquele que se sente abandonado, se abandone. Médicos? Medica-

---

[6] Psicoadaptação: ação que se adapta a psiquê (alma).
[7] Tripartite: três partes - corpo alma e espirito.

mentos? São apenas paliativos. A sensação é de um abismo insondável.

Alguém me atraiu para Ele

Um dia, em meio à angústia, um socorro apareceu como um farol se aproximando de mim. Não era como se eu estivesse procurando, mas eu não tinha mais forças para reagir. Fui resgatada. Alguém me atraiu para Ele. Ouvi a Sua voz! Em meio à confusão da minha mente, já não conseguia discernir se o que ouvia era real ou fruto de algum delírio. A voz tinha uma doçura que parecia abraçar o céu e a terra. Era uma voz de comando[8] tão poderosa que até as estrelas poderiam ouvi-la e assumir uma posição de combate em obediência a ela. Era algo verdadeiramente surpreendente.

Constantemente eu ouvia: "Estou aqui!"

Uma voz suave e reconfortante começou a preencher o meu ser. Era como um alívio refrescante

---

[8] Isaías 40.26

nos dias quentes. Uma luz intensa e invisível iluminava minha vida, mostrando claramente a origem e a razão de tudo. Era como ligar uma luz em um quarto escuro, revelando tudo o que estava escondido. Sentia-me como se estivesse se afastando de uma vida que não parecia real, sendo guiada para um destino desconhecido, mas repleto de alegrias. O mundo escuro e confuso que eu conhecia estava ficando para trás. A clareza que surgia me lembrava o ócio descrito por Aristóteles.

"Meus propósitos não se desviaram, o plano A continua".

Sentia-me como uma criança nos braços do pai, sendo levantada e rodopiada pelo ar. A força do perdão é muito mais poderosa do que a mágoa.

❖ LEI DA MÁGOA

- Trevas quase palpáveis
- Momentos insustentáveis
- Alma emaranhada
- Emoções descontroladas, sem direção ou equilíbrio
- Paralisia no olhar
- Movimentos estáticos

Tudo estava perdido? Tudo tinha acabado? E então, como um sopro de vida, movimentos mostrando sinais vitais começaram a surgir. Era como despertar de um sono profundo, repleto de pesadelos aterrorizantes.

Essa luz tornou-se minha bússola, guiando-me ao desconhecido. Mas, assim como o sol que surge nos dias de verão, a esperança começou a crescer, semelhante à serenidade que segue uma tempestade. A paz emergia, cada vez mais radiante, deixando os tormentos para trás. E desta vez, era definitivo! Vale lembrar que:

"A lei que supera a mágoa é o perdão."

A transformação proporcionada pelo perdão é visível no corpo, tangível na alegria emocional e paradoxal, pois, mesmo em meio à dor, há um alívio na alma.

LEI DA MÁGOA	LEI DO PERDÃO
Prisão emocional	Liberdade emocional
Doenças psíquicas	Sanidade psíquicas
Doenças psicossomáticas	Saúde do corpo
Relacionamentos tóxicos	Relacionamentos saudáveis
Prisão financeira	Liberdade financeira
Vida miserável	Vida com qualidade

Perdoar é doar-se por completo, sem reservas. Isso independe do que sinto ou penso.

O perdão é uma tomada de decisão!

É uma escolha assertiva!

É uma opção pela vida!

Somos todos semelhantes. Geralmente, não pensamos, não sentimos e nem desejamos perdoar. A mente cria inúmeras desculpas e justificativas para evitar o perdão. A necessidade de estar certo...

Perdoar segue uma lei divina, superior, que não está atrelada às leis naturais. Daí se dizer que perdoar é divino e guardar mágoa é humano.

Para reflexão: Você tem a escolha de ser sábio ou tolo. E se pensar "Não consigo", como já pensei muitas vezes, asseguro-lhe, agora na luz, que vale a pena tentar! Experimente!

Não discuta com você mesma alegando que tem razão. Para que sejam sarados, de nada vale ter razão.

"Como faço isso?", pode ser a pergunta.

Se você quiser, pode declarar comigo:

Eu, ..., decido e declaro que compreendo a existência de uma lei suprema chamada perdão. Neste momento, adentro na presença dessa lei divina, distinta das leis terrenas, e me permito usufruir dela. Não é pela minha vontade, mas escolho perdoar ....
....

(pessoas e acontecimentos). Rejeito todas as consequências decorrentes da falta de perdão que têm se manifestado em doenças no meu corpo e emoções. Libero e desvinculo essas pessoas por amor à minha própria vida, libertando-me de opressões, pesos e contaminações acumuladas ao longo do tempo devido a mágoas e ressentimentos.

Declaro que não disponho mais de tempo ou disposição para seguir vivendo uma existência vazia. Reconheço e assumo que estou livre de todos os fardos.

Sou grato(a) a Deus por essa liberdade.

Guardo em mim a inteligência, a sabedoria e o conhecimento que emanam dos céus sobre minha vida.

Que assim seja!

"Ressentimento é reviver o mesmo sentimento repetidamente."

Questiono-me: Por que motivo? Qual o propósito? O que ganho ao rememorar momentos de tristeza e cicatrizes? Realmente vale a pena?

Ouvi uma história assim: um pardal, com o olhar fixo em uma árvore, decidiu voar até ela. No entanto, entre ele e a árvore havia uma parede de vidro transparente. Ele parou, observou e lançou-se rapidamente em direção à árvore. Colidiu contra o vidro e caiu. Insistiu várias vezes, e após diversas tentativas, exausto e sem forças, chocou-se mais uma vez contra o vidro e faleceu.

Essa barreira invisível entre nós e nossos objetivos pode ser comparada à mágoa, ao ressentimento e à falta de perdão. A pessoa magoada encontra-se presa emocionalmente, sofrendo imensamente em seu íntimo. E essa prisão emocional reflete-se em nosso corpo, levando a enfermidades tanto psíquicas quanto psicossomáticas.

Por que insistir em repetir experiências e adotar as mesmas posturas e métodos, quando já conhecemos o desfecho doloroso? A angústia, a dor, a frustração e a desilusão são inevitáveis. É uma tolice evidente.

Estamos completamente aprisionados.

Refletindo sobre isso, questione: *quais pessoas ou situações você precisa soltar?*

CAPÍTULO III
PENSAMENTOS –
ALIADOS OU VILÕES?

"Os pensamentos podem ser grandes aliados à saúde emocional ou os vilões da insanidade mental!"

❖ PENSO, LOGO DECIDO.

A contribuição que os estudos sobre esse assunto podem exercer na construção de um novo mundo interior tem sido a diferença. Duvidar dos pensamentos, criticá-los e tomar decisões em favor de você mesmo é ultrapassar a faixa de chegada. Decidir gerenciar os pensamentos pode salvar vidas.

O perdão, ou a falta dele, tem sua origem sempre nos pensamentos e no coração da alma, que chamo de emoções.

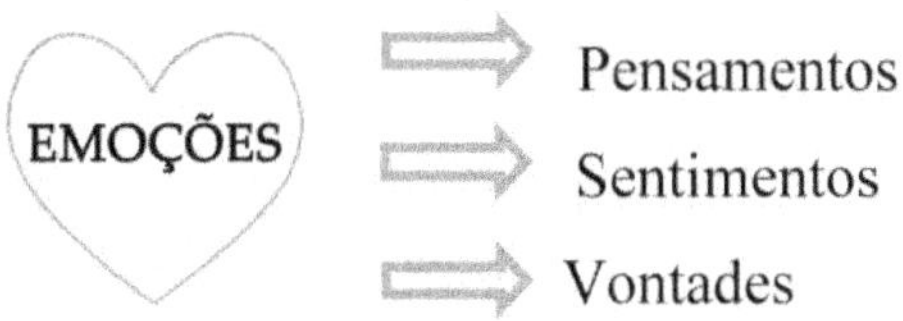

Lembrando: O coração da Alma[9] são as emoções.

Continuando minha história, durante a juventude, tornei-me uma pessoa extremamente tumultuada em pensamentos e emoções. Se percebesse duas pessoas conversando baixo perto de mim, um dispositivo mental era acionado, e imediatamente criava um diálogo interno, onde tinha plena certeza de que estavam falando de mim, e certamente algo negativo. Tal era a fragilidade e a propensão a criar pensamentos a partir do que meus olhos viam, mesmo que meus ouvidos não captassem o conteúdo real da conversa. Esse padrão de pensamento me levava a romper relacionamentos, tornando a convivência com os outros sempre muito desafiadora. Sofria interna e externamente. Segundo um renomado psiquiatra brasileiro, sofria de S.P.A., "Síndrome do Pensamento Acelerado", considerada de alto grau.

---

[9] Alma: hebraico *néfesh*. Grego *psykhé* e significa "ser", "vida". Latim *animu*, o que dá ânimo ou anima.

Os meus dias tornavam-se cada vez mais sombrios. Meus pensamentos influenciavam aqueles ao meu redor, afetando nossa convivência e gerando consequências muitas vezes trágicas. Agia baseada em meus pensamentos e sentimentos, sem entender as consequências de tais ações. Qualquer coisa virava motivo para brigas e desentendimentos. Tinha um sistema de crenças que considerava correto. Não aceitava ser corrigida. Sentia uma constante falta de amor e rejeição. A possibilidade de perceber que o problema estava em mim, e não nos outros, parecia algo distante e quase inatingível.

Como fazer um cego enxergar? É com essa compreensão que meu coração transborda de compaixão por pessoas feridas e desorientadas. Este livro nasceu desse sentimento.

Mergulhava nos estudos, tentando preencher um vazio imenso, que, hoje reconheço, era uma tentativa de demonstrar uma capacidade que acreditava ser invisível aos outros. Ansiava por provar meu valor, sempre buscando as melhores notas e cultivando uma curiosidade voraz pelo conhecimento. Embora esse esforço tenha sido benéfico, a motivação por trás dele estava ligada a uma necessidade intrínseca de ser reconhecida.

Iniciei uma pós-graduação em Ciências da Educação, fundamentada na Teoria Multifocal. Foi a partir daí que embarquei em um intenso processo de autoconhecimento, voltando meus estudos à pessoa que menos valorizava: eu mesma.

Lamento, especialmente como professora universitária, que o currículo acadêmico negligencie o estudo do ser humano em sua essência. Focamos no externo, e talvez por isso, a humanidade esteja tão adoecida, com medicamentos psicotrópicos enriquecendo a indústria farmacêutica.

Ao estudar, refletir e aplicar ensinamentos sobre gerenciamento de pensamentos, administração das emoções e a técnica do DCD, percebi as feridas profundas em minha alma. No entanto, em meio a essa jornada, descobri um tesouro valioso que se tornou o bálsamo para minha cura: o Conhecimento.

"O coração é mais enganoso que qualquer outra coisa, e sua doença é incurável. Quem é capaz de compreendê-lo?[10]"

Como sou predominantemente uma aprendiz visual e tendo a compreender melhor a partir de visualizações mentais, comecei a formar novos caminhos cerebrais com base na metodologia que descreverei a seguir. O objetivo deste gráfico é elucidar o processo intrínseco dos pensamentos e como gerenciá-los de maneira clara, objetiva e vivencial, sob uma perspectiva psicossociopedagógica.[11].

Podemos nos questionar: qual é a relação entre os pensamentos e a falta de perdão? É intrínseca! Os pensamentos são os principais catalisadores da fermentação e proliferação desse sentimento prejudicial. Eles têm sido os maiores causadores de tumultos internos em relação às mágoas e

---

[10] Jeremias 17.9

[11] Psicossociopedagógica: Conduzir e ensinar a alma a viver em sociedade

ressentimentos, dada a sua capacidade de transcender e atrair tanto o bem quanto o mal.

Por essa razão, é crucial entender e tomar decisões que busquem o equilíbrio emocional do nosso ser.

Ao entendermos o processo descrito a seguir e percebermos seu funcionamento, certamente teremos a capacidade de gerenciá-lo de forma a mudar nossos hábitos internos, melhorando a qualidade de vida e, possivelmente, reduzindo significativamente doenças psíquicas e psicossomáticas.

❖ Como se processam os pensamentos

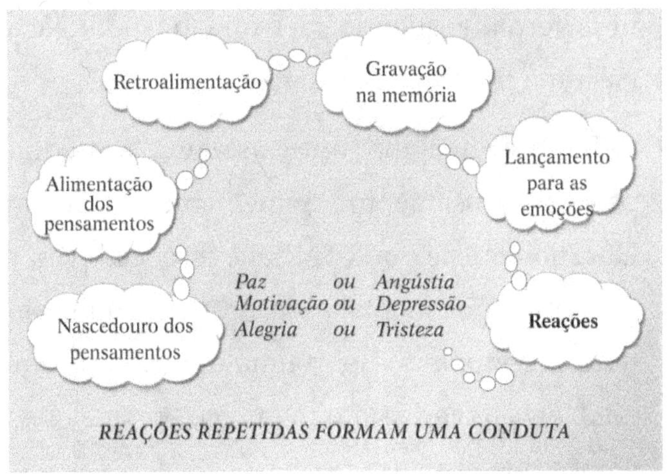

1º Processo: Nascedouro dos pensamentos

Costumo referir-me ao ponto inicial dos pensamentos como "nascedouro". É aquele instante em que um pensamento surge, mesmo que brevemente ou através de um insight, termo que usamos em psicologia. Por exemplo: *"Meu marido ou minha esposa não me ama mais"*. Raramente questionamos tal pensamento. Em vez disso, nos tornamos passivos e permitimos que ele evolua, alimentando essa ideia sem sequer questionar sua veracidade. Muitas vezes, tomamos isso como uma verdade, quando, na realidade, pode ser apenas uma percepção distorcida.

Gosto de imaginar que existe um "nascedouro" para os pensamentos, semelhante a um ninho. Questionar este ponto inicial é essencial para promover a saúde mental e alcançar um equilíbrio interno, conduzindo-nos a uma estabilidade emocional. Este deveria ser o momento em que questionamos nossos pensamentos.

- ☐ Por quê?
- ☐ Ele (ela) me disse?
- ☐ Que motivos tenho para pensar assim?
- ☐ Quais razões concretas me fazem pensar sobre isso?

À medida que respondo a essas perguntas, começo a enxergar clareza e racionalidade sobre o que é realmente real e o que é meramente imaginário. Tenho a sensação de que, ao cumprir esta tarefa de autoanálise, se dedicássemos mais atenção ao nosso mundo interno e monitorásse-mos constantemente nossos pensamentos, certa-mente teríamos uma melhor qualidade de vida. Muitas doenças emocionais e psicossomáticas poderiam ser evitadas.

Augusto Cury, a quem admiro profundamente, não apenas por seus escritos, mas pelo ser humano que é, apresenta uma técnica da qual tenho me beneficiado chamada DCD – Duvidar, Criticar e Decidir. É uma abordagem prática para gerenciar nossos pensamentos. Vejamos:

- Duvidar dos pensamentos, sempre.
- Criticá-los, de maneira racional.
- Decidir ou determinar mudar o foco.

Esta técnica é voltada para momentos de tensão aguda. É surpreendente sua eficácia! Não podemos simplesmente resetar nossos pensamentos com um *Ctrt+Alt+Del*[12], mas podemos mudar nossa perspectiva, alterar o foco, utilizando nossa

---

[12] Deletar

inteligência e habilidades. Podemos substituir esses pensamentos de maneira serena e prática.

Quando comecei a aplicar esse princípio, visualizei uma raquete que denominei de "virtual"13. Como em um jogo de tênis, eu rebatia toda vez que um pensamento perturbador surgia em minha mente. No início, eu recorria a ela frequentemente. Porém, com o tempo, comecei a utilizá-la cada vez menos. Hoje, ao observar o cenário dos meus pensamentos, vejo esse instrumento quase obsoleto, mas ainda assim disponível quando necessário.

---

[13] Não real; simulado eletronicamente: imagens virtuais

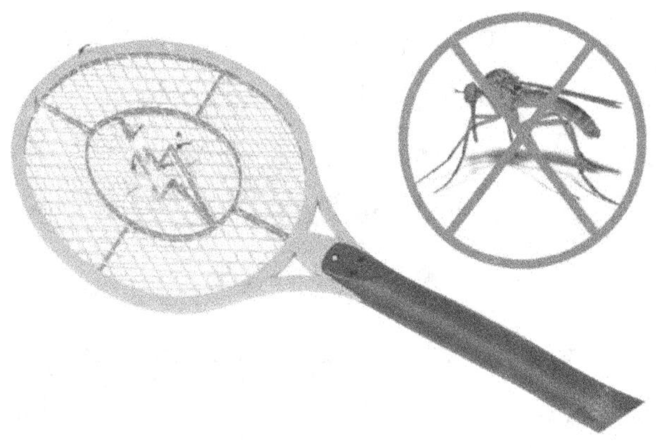

Lembro-me de uma experiência que quero compartilhar:

Liguei para alguém que ocupava um cargo de autoridade em uma faculdade onde havia ministrado uma aula magna. Esperando ser tratada com a mesma cortesia que tive durante os preparativos do evento, perguntei sobre a disponibilidade de vagas para professores em uma área específica. Para minha surpresa, fui atendida com certa indiferença. Isso me deixou involuntariamente agitada, pensando: "Não deveria ter ligado", "Por que liguei?", "Não precisava passar por isso" ... Então, lembrei da técnica do DCD e comecei a me questionar: "Fiz algo inadequado? Fui educada? Disse algo impróprio?". Ao responder essas questões, decidi que o problema não estava comigo e que não havia razão para me culpar por algo que não tinha causado. Imediatamente, senti-me aliviada.

"Ser honesto conosco mesmo faz parte da construção da maturidade. Essa Psicoadaptação faz-se necessária".

2º Processo: Alimentação dos Pensamentos

No segundo passo, inicia-se a alimentação desse pensamento. Como? Continuando a pensar repetidamente sobre o mesmo tema. Por exemplo: *"Faz tempo que não diz que me ama. Não me traz mais presentes, não fica comigo, só pensa em WhatsApp, celular, internet e blá, blá e blá..."* Quanto mais se alimenta esse pensamento, mais ele se retroalimenta.

3º Processo: Retroalimentação – Alimentar de novo e de novo.

Ao dar continuidade a esse processo sem interrupção, cria-se o início de um perigoso abismo. A negligência nesse estágio pode resultar em uma gravação profunda na memória, comprometendo a base de toda uma vida e os relacionamentos interpessoais[14] e, principalmente, o intrapessoal. Mas, se mudarmos o foco a tempo, ainda poderemos evitar que este mal domine todo o nosso ser.

É fácil destruir uma minhoquinha. No entanto, é difícil - e quase impossível - enfrentar uma sucuri. Pensamentos não gerenciados crescem e se intensificam, e quanto mais são alimentados, maiores são suas consequências. Por isso, é vital identificar e neutralizar pensamentos negativos em sua origem.

---

[14]Que é relativo a ou implica uma relação entre duas ou mais pessoas.

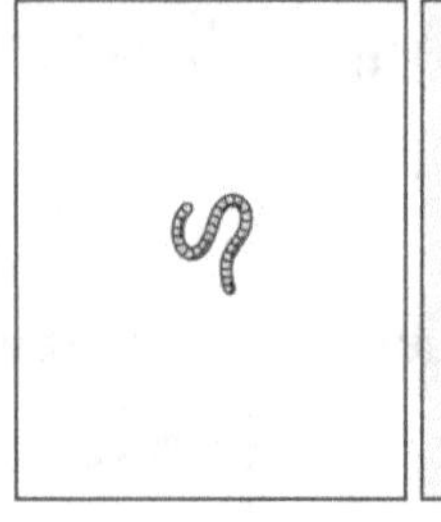

4º Processo – Gravação na memória

Neste momento, o perigo é iminente. O impacto de uma gravação profunda na memória é praticamente irreversível. Podemos compará-lo a uma tatuagem, dada sua permanência. Isso pode desencadear sintomas e consequências significativas no comportamento humano, tornando-o tóxico.

5º Processo – Interferência nas emoções.

Para que as emoções sejam afetadas, um extenso caminho já foi percorrido:

I. Nasceu o pensamento;

II. Ele foi alimentado;

III. Foi retroalimentado;

IV. Houve uma gravação profunda na memória.

V. Impactou as emoções e, consequentemente, as ações repetidas podem se consolidar em hábitos. Podemos até começar a acreditar em mentiras como se fossem verdades.

Note: tudo começou com algo pequeno, como uma minhoca. Pense em como um vasto bosque pode ser consumido pelo fogo a partir de uma simples fagulha.

"Vejam como um grande bosque pode ser incendiado por uma simples fagulha".

Considere também os navios; mesmo sendo tão grandes e movidos por ventos poderosos, são guiados por um pequeno leme, de acordo com a decisão do piloto. E aqui, podemos destacar um princípio vital: "Conforme a decisão do piloto". Isso indica que possuímos livre-arbítrio e que podemos exercer controle sobre ele, sendo pilotos atentos. Autocontrole e domínio próprio são sinais de sabedoria e autogestão. Vale lembrar que "são as pequenas raposas que estragam as vinhas".

Pequenos pensamentos podem crescer e se tornar dominantes, e esses pensamentos dominantes podem corroer e destruir não só o indivíduo, mas também aqueles ao seu redor.

"As pequenas raposinhas destroem grandes vinhas"[15].

6º Processo – Reações

As reações são reflexos ou resultados de uma estrutura interna construída a partir dos nossos pensamentos. Um cenário que também pode ser influenciado por pensamentos, sejam eles aliados ou adversários.

De fato, essa realidade é tão palpável quanto o ar que respiramos, o pulsar do nosso coração e o nascer do sol, que ocorre independentemente de nossa vontade. Se estivesse em meu alcance, eu

---

[15] Cantares 2:15

proclamaria ao mundo: "Por favor, percebam isso e encontrarão cura!" Os pensamentos, na maioria das vezes, surgem sem que os convoquemos, mas a capacidade de gerenciá-los destaca a singularidade da existência humana.

Para uma compreensão mais clara, sem simplificar demais, discutiremos alguns tipos de pensamentos, que podem ser categorizados em quatro áreas específicas:

1º Circunstâncias

2º Criativos

3º Invasores clandestinos do mal

4º Transcendentais

1º Pensamentos circunstanciais surgem naturalmente a partir de lembranças ou informações do cotidiano, como estudos ou conversas. Eles se originam de eventos ou situações já vivenciadas. Por exemplo: recordar-se da aula de matemática.

2º Pensamentos criativos estão ligados à tomada de decisões deliberadas, decisivas e planejadas. Eles envolvem a formulação intencional de ideias e projetos. Por exemplo: ao escrever um livro, planejar algo ou estudar um conteúdo. Primeiramente, um arquiteto concebe mentalmente um projeto antes de transpor para o papel. Um médico analisa exames para então prescrever um medicamento. Uma costureira imagina um design, esboça-o e posteriormente o materializa no tecido. Estes são classificados como pensamentos criativos.

3º Pensamentos invasores ou intrusos são aqueles que surgem sem intervenção ou razão aparente. Eles frequentemente nos pegam de surpresa e nos fazem questionar: *"De onde isso veio?"* Exemplos incluem pensamentos como: *"não quero mais viver"*, *"sou insignificante"*, *"por que nasci?"*, entre outros de teor negativo e prejudicial. Esses pensamentos podem causar desconforto, tristeza e sentimentos de baixa autoestima. Eles se manifestam sem convite ou aviso prévio e são, muitas vezes, os mais desafiadores de gerenciar. Eles podem parecer verídicos, mas frequentemente são enganosos e prejudiciais, afetando primeiramente a mente e, consequentemente, o corpo. É possível reestruturar esses caminhos mentais, embora o processo possa ser longo e árduo. Por vezes, a ajuda de profissionais capacitados se faz necessária. A analogia da construção e desconstrução de uma ferrovia pode ser aplicada aqui: desfazer esses caminhos mentais é consideravelmente mais trabalhoso do que os construir. No entanto, é viável, e a chave é gerenciar esses pensamentos para que se tornem aliados da saúde emocional e não inimigos.

4º Pensamentos transcendentais nos surpreendem com sua profunda benignidade e bondade, muitas vezes indo além das expectativas e capacidades humanas comuns.

- Pensar em ajudar alguém
- Renunciar à própria vontade em prol da vontade de outro.
- Não pagar o mal com mal.
- Não revidar quando teria motivos para tal.
- Visitar, elogiar, incentivar, ascender[16], honrar. Sempre em benefício do outro e para o outro.

Vale esclarecer: quando refletimos sobre nós mesmos sem egoísmo ou egocentrismo, estamos exercendo benevolência para conosco, e automaticamente somos agraciados com um bem-estar maior. Com essa compreensão, podemos discernir a origem de certos pensamentos e gerenciá-los, evitando que evoluam ou prosperem a ponto de nos conduzir a um caos irreversível. Ao entender esse ciclo, podemos atuar com mais sabedoria e equilíbrio emocional.

---

[16] Ascendeu ao primeiro colocado; ascendeu-se para o último andar.

Tudo inicia no berço dos pensamentos: um desentendimento, um rompimento amoroso, um julgamento precipitado, uma desconfiança, e pode culminar em consequências mais graves, como um divórcio ou até uma guerra. Talvez Hitler tenha construído toda a atrocidade contra os judeus a partir de um pensamento não gerenciado *"quando mais de 6 milhões deles, foram mortos"*, levando-os à morte, além de europeus, negros e outros grupos.

Os pensamentos têm o poder de moldar os legados deixados para a humanidade. Assim, podemos afirmar: *"Assim como você pensa na sua alma, assim você é"*[17].

Pensamentos podem ser voluntários ou involuntários, daí a essência de questioná-los

---

[17] Provérbios 23:7

- É verdade?
- Foi isso mesmo que eu quis dizer?
- Qual foi a intenção?
- Será que o celular não está fora de área?

A partir de questionamentos imediatos, podemos praticar e alcançar uma vida de melhor qualidade, "eliminando as minhoquinhas desde o começo". Alguém pode argumentar: *"É fácil para você dizer isso, pois não está na minha situação"*. Bem, talvez eu não esteja exatamente na sua situação, mas enfrento desafios na minha própria vida. Todos nós, em nossa essência, enfrentamos desafios, sem exceção.

Se não tomarmos uma postura assertiva desde o início e, por passividade, alimentarmos determinados pensamentos, retroalimentá-los e consolidá-los em nossa memória, as emoções serão inevitavelmente afetadas, gerando sentimentos como tristeza, angústia e ansiedade. Esses sentimentos, por sua vez, guiam nossas ações e comportamentos.

"Duvidar dos pensamentos, criticá-los e tomar decisões em favor de si mesmo é ultrapassar a faixa de chegada".

Entenda que reações repetitivas moldam nosso comportamento. Admito que não é um processo simples, mas é totalmente viável. Eu sou a prova viva disso! Ser mestre de si mesmo é uma questão de sabedoria e envolve não alimentar pensamentos que nos prejudiquem. Podemos administrar isso de maneira dinâmica e inovadora.

Literalmente, sou o que penso!

Desarmonias internas são as causadoras de problemas como depressão, baixa autoestima e amargura, e tudo se origina de pensamentos não gerenciados. Relacionamentos frequentemente são rompidos devido a pensamentos descontrolados.

Pensamos, alimentamos esse pensamento e o registramos em nossa memória, afetando as emoções. Nossas reações então refletem o que sentimos, podendo resultar em sentimentos como alegria, paz, paciência, bondade, autocontrole, gentileza e serenidade, ou até mesmo tristeza, desânimo, depressão e outros sintomas emocionais e psicossomáticos.

Por isso, é essencial ter discernimento desta realidade, pois ela tem um impacto direto em nosso bem-estar emocional.

Podemos afirmar, sem dúvida, que os pensamentos podem atuar como cruéis algozes, mantendo marcas, mágoas e ressentimentos em nós. Por outro lado, eles também podem ser aliados de uma mente saudável.

Ao considerar a palavra "algozes", referimo-nos a *indivíduos cruéis, capazes de praticar ações horrendas e desumanas. São pessoas encarregadas de executar outras, agindo sem sentimentos ou misericórdia.*

"Assim como você pensa na sua alma, assim você é".

O ato de não perdoar traz consequências negativas. Optar por não perdoar é escolher ser torturado por uma dívida de sofrimento ao longo de toda a vida e, ao final dela, ainda carregar um pesado fardo de dívida. Nossos pensamentos revelam, em alto e bom tom, quem realmente somos, através das palavras que falamos e das atitudes que tomamos.

Dessa forma, os pensamentos podem ser grandes aliados para nossa saúde emocional ou simplesmente vilões que nos conduzem a uma existência sem significado.

Comorbidades[18] originadas de pensamentos doentios se manifestam em doenças psíquicas e psicossomáticas, que serão abordadas no próximo capítulo.

---

[18] Comorbidades: conjunto das causas de uma doença.

Airam, embora com passos hesitantes, persevera em sua jornada. À medida que avança, mesmo enfrentando um caminho que parece ser apenas um vasto e desolador deserto, começa a perceber sinais de paz, alegria e um renovado desejo de viver.

Meu conselho é: não desista. Busque apoio, aplique essas ferramentas e tenho certeza de que você encontrará o caminho, assim como Airam encontrou.

A decisão é sua: VILÃO OU ALIADO.

Identifique seus pensamentos e determine se são aliados ou algozes em sua vida. Reconheça-os pelo que realmente são:

____

____

____

____

____

____

____

CAPÍTULO IV
DOENÇAS PROVENIENTES DA FALTA DE PERDÃO

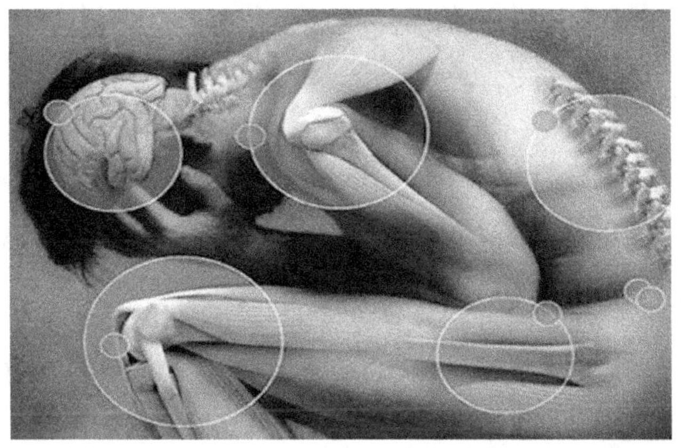

"Testemunhos impactantes"

❖ Perdoar, dissolve, dinamita o ressentimento e a mágoa

Perdoar é um dos pilares fundamentais para a manutenção da saúde física e emocional.

De acordo com a psicóloga americana Louise L. Hay, autora do livro "Você Pode Curar Sua Vida", somos os criadores de nossas próprias enfermidades. Ela defende a ideia de que somos 100% responsáveis por todas as adversidades que surgem em nosso corpo. A raiz de todas as doenças, segundo ela, está em um estado de não-perdão. Quando adoecemos, é essencial identificar quem precisamos perdoar. Se nos encontramos estagnados em qualquer aspecto da vida, seja financeiro, intelectual ou espiritual, é um indicativo de que precisamos exercitar mais o perdão. Sentimentos como pesar, tristeza, raiva e desejo de vingança emergem de lugares onde o perdão não foi concedido. O ato de perdoar dissolve e elimina o ressentimento. Cuide de suas emoções. Elas podem desencadear doenças, então vale a pena refletir sobre a importância de mantê-las em equilíbrio.

> *"Em sua essência, a atitude de perdoar é mais científica, prática e inteligente do que religiosa – pouco tem a ver com ser bom ou mau. Pouca capacidade de perdoar aumenta a probabilidade de adoecer.* (Dr. Américo Canhoto)

Na prática, observa-se que as doenças psíquicas e psicossomáticas, em cerca de 78% dos casos, segundo estatísticas, têm origem na falta de perdão. Veja a continuação da minha história:

❖ **Caso 1 – Problemas Psíquicos x Mágoas**

Aos 29 anos, durante a gravidez da minha filha Sarah, mergulhei em uma profunda depressão, marcada por constantes choros, desânimo, pensamentos e desejos suicidas. Fui internada duas vezes devido a ameaças de aborto. Em meio a essa escuridão, sentia-me completamente sozinha, mesmo cercada de pessoas. Tudo parecia desolador, como se estivesse em um deserto. Naquela época, muitos viam a depressão como simples "falta de ocupação".

Na época, trabalhava como professora universitária e, diante desse cenário, tive que renunciar à minha posição. Em meio à confusão e incerteza, ouvi falar sobre um líder cristão que ajudava pessoas em situações semelhantes à minha. Mesmo sem mita esperança, decidi procurá-lo.

Em uma sala pequena de uma livraria, compartilhei toda a minha trajetória com ele. Por fora, minha vida parecia perfeita: um marido incrível, estabilidade financeira, o trabalho dos meus sonhos e a expectativa do nascimento do meu segundo filho. Após uma longa conversa, esse homem, atencioso e genuinamente interessado em ajudar, abriu meus olhos para a verdadeira raiz da minha depressão. Ele acreditava que todo o meu sofrimento *estava atrelado à minha incapacidade de perdoar meu pai*, um aspecto da minha vida que eu nem mesmo considerava relevante.

Para ser sincera, inicialmente, tive dificuldade em acreditar. No entanto, depois de uma conversa profunda, decidi, por orientação, perdoar meu pai. Embora tenha sido um ato mais por compromisso do que por genuína compreensão ou desejo, algo surpreendente aconteceu. Comecei a sentir uma leveza, uma sensação de liberdade, paz e pensamentos cônscios,[19], que nunca havia sentido antes. Uma alegria renovada brotou dentro de mim, e parecia que um novo ser havia nascido dentro de meu coração. O sol, que havia se escondido por tanto tempo atrás das nuvens da depressão, finalmente começou a brilhar em minha vida.

Apenas uma semana após aquele encontro transformador, estava completamente livre da depressão e de todos os pensamentos sombrios que a acompanhavam. Sentia-me rejuvenescida, e proclamava com convicção que estava, de fato, livre.

---

[19] Cônscio: Que tem consciência daquilo que ocorre ao redor.

Pouco depois, minha filha Sarah nasceu. Com sua pele clara, olhos azuis e uma carequinha adorável, ela parecia compartilhar da alegria que eu sentia. Aos oito dias de vida, decidimos visitar meus pais, mesmo estando a oitocentos quilômetros de distância. Embora o desejo de vê-los fosse forte, uma tempestade de dúvidas e hesitações assolava minha mente durante a viagem. Quando o encontrei sabia que tinha um compromisso sério: falar-lhe a respeito das minhas mágoas! Reuni minhas forças e partimos para o tão esperado encontro, com toda a família, mãe e irmãos reunidos. Iniciei a quebra dos muros. Neste momento se fez necessário não levar em consideração a razão, o orgulho ou mesmo colocar na balança quem deveria pedir perdão para quem.

Olhando nos olhos do meu pai, comecei a conversa, uma que, se possível, teria adiado para sempre. No entanto, falei:

"Pai, quero lhe pedir perdão por toda rebelião do meu coração, pelas injustiças que cometi contra o senhor, em atitudes e pensamentos, pelas desobediências, pelas

vezes que falei mal do senhor para outras pessoas, pelas vezes que pensei mal e lhe desonrei com palavras e atitudes".

Logo que comecei a falar, meu pai me interrompeu e disse:

"Não, Não, Não. Deixa isso pra lá! Coloca uma pedra em cima disso".

Querido leitor, preciso lhe dizer algo: quando se trata de perdão, não se pode simplesmente colocar uma pedra sobre o assunto. Essa atitude cria um grande obstáculo nos relacionamentos. Com o tempo, um muro começa a se formar e, por causa da distância que ele cria, já não conseguimos mais nos ouvir.

Insisti no meu pedido. Ele começou a chorar e me disse:

"Eu lhe perdoo minha filha!"

Também pedi perdão à minha mãe e aos meus irmãos pelos mesmos motivos. Curiosamente, meus quatro irmãos foram fundamentais e me apoiaram muito nesse processo. Eles me diziam:

"Mas você era muito ruim mesmo!"

E eu concordava:

"É verdade, por isso peço perdão também".

E foi assim por algum tempo, até que os baús se esvaziaram e as condenações que pesavam sobre mim se dissiparam. As acusações que me atormentavam foram completamente eliminadas. Importante ressaltar que, em momento algum, cobrei algo de qualquer um deles. Limitei-me a fazer a minha parte. Mas ocorreu algo notável: cada um começou a reconhecer seus erros e a reconciliação surgiu rapidamente. Pedimos perdão uns aos outros, e aquele instante tornou-se um marco transformador em minha vida e na de minha família. Houve muitas lágrimas, abraços e atos de perdão. As feridas foram curadas.

Uma reflexão me surge agora: assim como uma planta que recebe água e luz solar, aos poucos, floresce e cresce vigorosamente, o mesmo acontece com o processo do perdão em nossa vida. Pode ser lento, mas é certamente eficaz.

Não demorou muito para que eu recuperasse meu pai, que deixou para trás seu vício em álcool. Aquele pai da minha infância, que me levava nos ombros, me ensinava matemática e me mostrava como ler e escrever, traçando letras com um graveto no chão, retornou. Embora ele tenha partido há pouco tempo, consegui aproveitar, amar, rir e sentir sua ternura de formas que nunca pensei serem possíveis. Foi uma verdadeira vitória! A alegria triunfou! Hoje, a imagem que conservo do meu pai é de um homem carinhoso, sempre sorridente... sinto profundamente sua falta.

Lembro-me com carinho dos seus cochichos, quando ele dizia: *"Por você, eu deito e durmo"*. Eu compreendia o que ele queria dizer: *"Não me preocupo quando se trata de você"*.

Junto com a depressão, da qual fui curada rapidamente, enfrentei problemas sérios nos meus brônquios e pulmões. Durante doze longos anos, lutei contra uma doença que me deixou à beira da morte várias vezes. Respirar tornou-se uma batalha. Fui hospitalizada inúmeras vezes, chegando a estados críticos de saúde.

Neste momento, sinto a necessidade de compartilhar um acontecimento que raramente mencionei a alguém. Ao revisar este livro para a terceira edição, uma memória ressurge, a fim de fortalecer sua fé. Trata-se de um episódio que sempre mantive guardado em meu coração. Fui hospitalizada em uma instituição pública em Joinville, uma cidade no sul do Brasil, também conhecida como "Cidade dos Príncipes"[20]. Meu marido me levou ao hospital por volta da meia-noite. Devido à falta de leitos disponíveis, fui acomodada em uma cadeira, recebendo corticoides[21] por via intravenosa e usando uma máscara de oxigênio, sob uma iluminação tênue. Durante a madrugada, em meio a uma ala repleta de pacientes, ouvi uma voz que parecia ressoar por todo o universo. Embora

---

[20] Em 1843, a filha de Dom Pedro 1º casou com um príncipe francês, François-Ferdinand d'Orléans, que ganhou como dote um terreno perto da colônia de São Francisco, que depois virou Joinville.
[21] Corticoides: são substâncias utilizadas para reduzir inflamações ou atividade do sistema imunológico do corpo.

potente como o rugir de uma cachoeira, havia nela uma doçura e suavidade inconfundíveis. Naquele momento, com muita autoridade, me dizia: *"Olhe a sua volta e veja, quantos precisam de cura. Lhe chamei para esta finalidade e propósito, mas não tem obedecido a minha voz. Nem mesmo Jonas na sua sabedoria foi capaz de fugir das mãos do Deus, O Todo Poderoso".*

Desde aquele momento, nos perdemos em uma profunda conversa. No entanto, os detalhes daquela troca me escapam; nunca consegui me lembrar do que falamos, mas tenho certeza de que durou um longo período.

Depois, já deitada e sentindo-me um pouco mais recuperada, retomei nosso diálogo após uma pergunta que me afligia: *"Senhor, se tudo isso faz parte de um propósito maior, por que estou aqui neste hospital, desacreditada pelos médicos e com venenos potentes circulando em minhas veias?"*

Preciso acrescentar que minha condição física estava muito deteriorada na época. Minha musculatura estava tensa e rígida, causando dores insuportáveis por todo o corpo. Caminhar tornou-se uma tarefa árdua. Uma vez, ao tentar cortar um maço de couve, tive que interromper várias vezes para descansar as mãos, tão intensas eram as dores e a rigidez. Minha filha, ainda muito jovem, pedia sua mamadeira e eu tinha que pedir paciência, pois levava um tempo considerável para conseguir sair da cama e atendê-la.

Então, com uma suavidade ainda mais marcante na voz, Deus, por meio do Espírito Santo, continuou: *"Prometo a você, não restará nenhum vestígio desses medicamentos em seu corpo, e você será completamente curada."* Já se passaram vinte e cinco anos desde aquela conversa. Atualmente, conduzo cursos, palestras e treinamentos, usando exatamente os meus brônquios e pulmões — os mesmos órgãos que a doença quase tomou de mim, não fosse a intervenção divina.

Conforme os anos avançavam, investi em minha formação acadêmica e profissional. Concluí mestrado e doutorado em educação e busquei especialização em psicologia comportamental e multifocal. Além disso, sempre mantive um alicerce em fundamentação bíblica, da qual nunca quis me separar.

Atuando como professora de pós-graduação e instrutora de treinamentos nessas áreas, sinto-me privilegiada por poder compartilhar e auxiliar pessoas com histórias similares à minha. É gratificante transformar o sofrimento que vivi em ferramentas para iluminar a vida de outros que, assim como eu no passado, não veem solução para seus dilemas.

A seguir, apresento alguns casos reais que acompanhei. Para preservar a privacidade, usarei pseudônimos para as pessoas envolvidas.

❖ **Caso 2 – Artrite incurável**

Helena, durante oito anos, sofreu com artrite nas mãos, perdendo a capacidade de mover os dedos. Após inúmeras tentativas de tratamento, foi internada em uma clínica renomada em São Paulo, com a esperança de encontrar uma solução eficaz. Contudo, após quinze dias, os médicos, perplexos, comunicaram a seu marido que o corpo de Helena rejeitava qualquer medicamento e que nada mais poderia ser feito. Desolados, retornaram à sua cidade natal.

Foi nesse contexto que tive o privilégio de conhece-la. Deixo claro que, embora não seja psicóloga ou terapeuta, sinto um forte chamado para auxiliar pessoas com enfermidades específicas, principalmente quando suas origens emocionais são negligenciadas pelos profissionais de saúde.

Em nosso encontro, Helena revelou que seu problema havia começado oito anos atrás. Intrigada, questionei se algum evento significativo tinha ocorrido por volta dessa época. Sua resposta foi reveladora: ela teve um grave desentendimento com uma vizinha que quase a fez perder seu marido devido a falsas acusações e assédio. Desde esse incidente, Helena nutria um profundo rancor por essa mulher. Pouco tempo após esse conflito, a artrite manifestou-se intensamente.

Quando sugeri que talvez o perdão pudesse ser um caminho, Helena reagiu de imediato: *"Por que eu deveria perdoá-la depois de tudo o que ela fez?"*.

Aqui, é fundamental entender: o perdão não é uma questão de vontade ou sentimento. Raramente sentimos vontade de perdoar. Perdoar é uma decisão consciente, uma libertação espiritual. Se não perdoamos, carregamos o peso do ressentimento, um fardo que nos aprisiona.

Após longas conversas, aconselhamento e reflexões, Helena finalmente abriu espaço em seu coração para o perdão. E, para minha alegria e admiração, no dia seguinte, ela já mostrava sinais de melhora, movendo as mãos com mais facilidade. Helena se curou completamente e mantém sua saúde até hoje.

Podemos escolher: ficar livre ou continuar preso. Eis a decisão!

Podemos escolher: ser livres ou continuar aprisionados. A decisão está em nossas mãos! É fácil argumentar que não podemos ou não conseguimos perdoar. Muitas vezes, temos razões justificáveis para nossas mágoas, mas devemos nos perguntar: vale a pena carregar esse peso? Nunca vi alguém enriquecer por acumular mágoas e ressentimentos.

Inteligência, em um de seus conceitos, refere-se à nossa capacidade de tomar decisões, especialmente decisões assertivas em momentos de tensão. É a habilidade de pensar e agir visando uma melhor qualidade de vida, priorizando nosso bem-estar. Já presenciei pessoas se curando de doenças graves, como o câncer, simplesmente ao liberar o perdão.

As mágoas podem desencadear diversas doenças psíquicas, como:

- Depressão
- Ansiedade
- Síndrome do pânico
- Estresse

Inteligência é a capacidade que temos de tomar decisões assertivas nos focos de tensão.

Quando essas doenças psíquicas não são tratadas em sua essência, podem se transformar em doenças psicossomáticas:

- Gastrite – e todas as "ites" –, sinusite, bursite, bronquite, artrite, labirintite.
- Pressão arterial fora de controle
- Enxaquecas
- Alergias
- Câncer
- Artrose
- Diminuição do prazer sexual
- Prurido[22]
- Queda de cabelo
- Dores musculares...

Conquistar a essência da nossa alma é como sonhar e descobrir um tesouro oculto. Esse tesouro pode ser tanto algo positivo quanto negativo. Quando nos apegamos às mágoas do passado,

---

[22] Prurido: coceiras sem causa aparente. sensação incômoda na pele ou mucosas que leva a coçar, devido à liberação pelo organismo de substâncias químicas.

estamos atribuindo grande valor ao que nos machucou. Olhar constantemente para trás pode nos fazer tropeçar e, eventualmente, nos impedir de nos levantar. Esta é uma decisão crucial. Onde estamos investindo nossa energia e força? No passado ou em planos que promovem o bem-estar no presente e no futuro? O que é realmente essencial para nós?

Muitas vezes, valorizamos reclamações, lamentações e murmúrios, e assim, desperdiçamos nosso tempo. Optar por perdoar é como reacender uma luz que estava apagada, permitindo-nos caminhar com esperança e sonhos.

A cada novo amanhecer, surge uma oportunidade de renovação. É impossível irradiar brilho exteriormente se a luz interna estiver apagada ou ofuscada. Nossos sentimentos e emoções internas se manifestam em nossas ações e comportamentos externos, sendo claramente refletidos em nosso semblante. Sou lembrado de um versículo de Provérbios 13:15, que diz: *"O coração alegre embeleza a face, mas um coração dolorido pode oprimir a alma."*

Ou seja, a alegria ilumina o rosto, mas a tristeza pode desanimar o espírito.

"O coração alegre aformoseia o rosto, mas pela dor do coração o espírito se abate".

Ser líder de si mesmo é abraçar a autorresponsabilidade, reconhecendo que não somos meros espectadores em nossas vidas, mas protagonistas capazes de direcionar nosso destino. Em vez de sermos arrastados pelas correntes da sociedade, moda, mídia ou tradições, temos o poder de escolher conscientemente nosso caminho. Somos seres ativos, agentes de mudanças, capacitados para liderar nossa existência, perdoar nossas falhas e aceitar o perdão dos outros, superando as distorções criadas por pensamentos negativos. A sabedoria não é apenas acumulação de conhecimento, mas a capacidade de aplicá-lo de maneira eficaz em nossas vidas. Para realmente viver, devemos abraçar o presente, planejar o futuro e aprender com o passado.

Não é produtivo se apegar ao passado ou se lamentar pelas escolhas feitas. Em vez disso, os sábios reconhecem que cada novo dia oferece uma oportunidade para começar de novo, para traçar um novo curso. Recomeçar é uma demonstração de resiliência e força, permitindo que a beleza interior brilhe através de uma lente de possibilidades e mudanças.

Como foi dito, "ter medo do mesmo" é uma armadilha em si. Em vez de temer o desconhecido, devemos temer a complacência, o medo de arriscar, de se desafiar, de crescer e evoluir.

Alguns sofismas impedem-nos de descobrir novidades e alcançar a satisfação pessoal:

- A tradição;
- O receio de cometer erros;
- A excessiva preocupação com a opinião alheia;
- Erros passados e a timidez.

Não acredito que devamos abandonar as tradições. Ao invés disso, devemos reinventá-las conscientemente, dando-lhes uma nova direção. Entendo que as pessoas que evitam mudanças têm medo de se confrontar e descobrir quem realmente são. Têm receio de expor suas fraquezas, seus pontos vulneráveis e de confrontar o que os outros dizem sobre elas. Temem enfrentar os desafios internos, os "monstros" que habitam dentro de si. Quanto mais tentamos nos proteger, menos nos conhecemos.

Quando hesitamos em perdoar, torna-se mais fácil atribuir a culpa aos outros por nossos problemas. Compreendi que criticar os outros é uma maneira de desviar a atenção de nossos próprios defeitos. Assim, acabamos vendo nos outros o reflexo do que somos. É como se olhássemos por lentes embaçadas por nossos traumas, rejeições e mágoas, fazendo-nos ver o mundo de acordo com nossas emoções e experiências.

Da mesma forma que criticar é indelicado, elogiar eleva o ser humano. Valorizar alguém é um sinal de integridade, que nos libera da inveja e nos permite admirar a beleza no "jardim" do outro. Elogiar exige genuína humildade, um sinal de maturidade e equilíbrio interno.

Lembro-me frequentemente do mar, que, apesar de sua imensidão, se submete aos rios sem perder sua essência. Nossos olhos interpretam o mundo exterior baseados na luz de nosso interior. É gratificante saber que posso valorizar o outro sem me diminuir. Elogiar é também um exercício de bem-estar mental. Insistir em tradições sem adaptá-las é fechar os olhos para o progresso e o crescimento.

Conheço famílias que carregam mágoas por gerações, deixando como legado uma vida de insatisfação. Se não tomamos as rédeas de nossa saúde emocional, fenômenos inconscientes tomam o controle, tornando-se protagonistas de nossa narrativa mental. Ser dominado por esses "atores secundários" é viver em profunda tristeza e insatisfação.

Ter a bravura de se autoavaliar e refletir sobre nossas ações é o verdadeiro exercício da inteligência em busca de uma vida plena. Ser inteligente é ter a liberdade e a coragem de mudar de perspectiva, opiniões e crenças. Você deseja isso?

"Gosto de lembrar do mar. Tem a dimensão que tem devido à sujeição de se colocar abaixo dos rios."

❖ Caso 3 – Filhas abusadas

Conheci uma família de quatro filhas. O pai abusou sexualmente de três delas, ainda quando eram pré-adolescentes. A mais nova era muito bebê, quando ele faleceu.

Causa-me profunda tristeza falar desse episódio, devido às consequências desastrosas deixadas por alguém que deveria representar a paternidade. Como autoridade, sua função era cuidar, zelar, aconchegar e proteger; no entanto, ele usurpou algo que jamais deveria ter tocado. Devido a esses atos brutais, duas dessas mulheres sofrem, até hoje – mesmo vinte e cinco anos após o ocorrido – com problemas psíquicos e psicossomáticos. A última notícia que tive é que uma delas está internada em um hospital psiquiátrico há anos. Das três, apenas uma encontrou o caminho do perdão. Participar de seu processo de cura foi gratificante!

Quando conheci essa moça, ela estava em uma situação deplorável. Com duas crianças pequenas, o esposo preso, vivendo em uma residência inabitável – apesar de muito limpa – com chão batido, ela estava acamada devido a um acidente de bicicleta, um atropelamento que lhe rendeu diversas fraturas nas pernas com muitos pinos inseridos.

Fui convidada por sua mãe, a quem chamarei de Inês, para fazer uma visita. No caminho, Inês expressava sua fé, enquanto eu comentava sobre minha falta dela, dizendo que precisava crescer nesse aspecto.

Ao chegar à casa dela, meu coração encheu-se de compaixão. Sem pensar, perguntei se ela desejava andar novamente. Logo após, me questionei como pude fazer tal pergunta a alguém desenganada pelos médicos, com uma perna significativamente mais curta que a outra. No entanto, senti a presença de Deus naquele momento. Ela, com esperança, respondeu que sim. Nesse instante, coloquei em prática a fé que alegava não ter, lembrando-me de um curso que fiz com Charles e Francis Hunter, um casal americano com dons de cura. Ajudei-a a levantar, sustentando-a pelos braços, e logo depois a deixei de pé sozinha. Inês temia que ela caísse, mas algo dentro de mim me impulsionou a pedir que ela andasse em nome de Jesus. Para nossa surpresa, ela começou a andar sozinha. Carregou seu filho mais novo, deu a mão à filha mais velha e caminhou pelo quintal, agradecendo a Deus com lágrimas nos olhos. Em um ato de fé, orei para que sua perna mais curta se estendesse, e ela começou a crescer diante de nossos olhos. Na mesma semana, os pinos em suas pernas começaram a ser expelidos pelo corpo, alguns deles bem longos. O médico, ao presenciar isso, ficou atônito, incapaz de reconhecer tal acontecimento como um milagre. Trabalhamos também seu emocional, ajudando-a a encontrar o perdão. Em pouco tempo, sua cura foi completa e ela caminhava normalmente.

Podemos nos perguntar: Como ser ferida dessa maneira e ainda precisar perdoar?

---

*"O perdão não é para o outro,
é para nós mesmos."*

Daí a importância deste livro. Não somos obrigados a perdoar, e a mágoa, em certos casos, é compreensível. No entanto, as consequências desse ressentimento são pesadas demais para carregar.

"Perdoar aliviar a alma."

Lembre-se: o perdão é a força capaz de eliminar qualquer rancor, nos libertando para viver plenamente. Ele transcende a mágoa, funcionando como um bálsamo que atua assim que liberamos nossos sentimentos e emoções reprimidos.

Caros pais, toda filha tem uma necessidade intrínseca de uma figura paterna para formar sua identidade — mas uma figura que a respeite, a valorize e a abençoe[23] com palavras que elevem sua autoestima. Nunca permitam que as emoções de sua filha sejam feridas a ponto de criar nela uma mentalidade que a faça pensar que "todos os homens são iguais" ou que "não precisa deles". Como profissional, afirmo que nós, mulheres, necessitamos dos homens para criar uma sinergia na jornada da vida. Nossas fragilidades podem ser complementadas pelas forças do outro e vice-

---

[23] Abençoar: No hebraico, a palavra bênção (brarah) vem de uma raiz (barakeh, exaltar, agradecer, felicitar, elogiar).

versa. As meninas precisam de conforto, segurança e de alguém a quem possam recorrer em busca de orientação e conselhos.

❖ Caso 4 - Prurido sem causa aparente

Recentemente, uma jovem veio até mim e compartilhou sua experiência. Ela sofria há dois anos com um problema alérgico nas mãos que a impedia de realizar diversas atividades. Suas mãos escamavam e chegavam a sangrar devido à intensa coceira. Porém, após assistir a uma das minhas palestras sobre perdão, ela optou por aplicar o que aprendeu, liberando verbalmente alguém de quem guardava rancor por muito tempo. Surpreendentemente, em apenas dois dias, sua alergia desapareceu. Tocada por essa transformação, ela fez questão de compartilhar sua história comigo.

❖ Caso 5 – Labirintite x Ressentimentos

A labirintite é uma enfermidade frequentemente associada a ressentimentos em minha experiência. Passei por um problema grave relacionado a isso. Eu e meu esposo estávamos prestes a embarcar em uma viagem para um treinamento com casais, e precisávamos estar saudáveis e bem-dispostos. Contudo, estava sofrendo com crises intensas dessa condição que me impediam até mesmo de ficar em pé. Ainda assim, seguimos viagem, confiantes de que eu melhoraria. Ao inserir a chave na porta do hotel onde ficaríamos, um pensamento surgiu: havia algo em meu passado que precisava ser resolvido. Lembrei-me de um momento em que havia ferido meu esposo e, apesar de não ter corrigido meu erro na época, decidi que era hora de fazê-lo. Devido à complexidade do assunto, inicialmente pedi perdão apenas a Deus, comprometendo-me a abordar o assunto com meu esposo assim que retornássemos. Notavelmente, senti uma melhora quase imediata.

Obviamente, ao retornar para casa, cumpri minha promessa e conversei abertamente com meu esposo sobre o ocorrido. Desde então, nunca mais sofri com essa condição, e o episódio ocorreu há mais de duas décadas.

❖ Caso 6 – Paralisia dos membros inferiores

Acompanhei o caso de uma renomada empresária catarinense que estava confinada à cama, sem esperanças de voltar a andar após longos meses. Por não acreditar nesse princípio, recebeu visitas de pessoas experientes nessa área, e muitas vezes quase desistiram devido à sua incredulidade.

Depois de uma abertura de mente e coração, assim como eu, ela escolheu perdoar, apesar das resistências. Em pouco tempo, libertou-se da cama e dos dispositivos de auxílio.

"O perdão é a dinamite que explode qualquer ressentimento e nos deixa livres para viver."

❖ Caso 7 – Atrofia X Ressentimento

Conheci uma senhora durante um chá da AD-HONEP[24], que tinha dificuldades para andar

---

[24] Associação de Homens de Negócio do Evangelho Pleno

devido a problemas graves nas pernas. Ao perceber a gravidade da situação e o tempo necessário para tratá-la, sugeri uma visita à sua casa. Ela morava em uma cidade vizinha à minha, mas rapidamente realizei a visita prometida. Ela me contou sobre a angústia e mágoa que sentia em relação a um irmão com quem brigava por questões de herança. Sentindo-se injustiçada, rompeu laços com ele. Após esse episódio, sua saúde deteriorou-se e, mesmo com inúmeros exames, os médicos não encontraram uma solução. Durante nosso encontro, que durou cerca de três horas, ela conseguiu compreender e perdoar seu irmão.

Hoje, se você me perguntar sobre a condição de saúde dessa senhora, eu responderia: "Que condição?"

❖ Caso 8 – Problemas Menstruais X Mágoa

Durante uma ministração sobre Perdão, recebi uma revelação sobre uma pessoa com problemas no ovário esquerdo, cuja origem era a mágoa. Orei com ela. Alguns dias depois, ao entrar em uma farmácia de manipulação, uma jovem me abraçou em agradecimento. A princípio, não me lembrava dela, mas seu relato me fez recordar o momento. Ela me contou que no dia seguinte à nossa oração, menstruou após oito meses de interrupção sem qualquer diagnóstico médico. Sua gratidão era evidente.

Essas experiências reforçam que o perdão não é algo impossível, mesmo nos casos mais complexos. Isso é algo que o Dr. Fred Luskin, autor de "O Poder do Perdão" e doutor em aconselhamento clínico e psicologia da saúde pela Universidade de Stanford, tem buscado comprovar. A Dinâmica do Perdão nos mostra que estamos diante de uma questão global, que transcende o âmbito religioso e se estende ao científico e à saúde pública.

Não perdoar é viver em uma prisão completa: corpo, alma e espírito. É como um pássaro que, sem asas, perde sua capacidade de voar. Perdoar é essencial para viver em paz e serenidade. É uma experiência emocionante, que nos transporta a uma nova dimensão de alegria e leveza de coração. As barreiras desabam, abrindo caminho para um horizonte infinito, visto não apenas com os olhos, mas também com a sabedoria e conhecimento. Você acredita? Deveria!

❖ Momento de reflexão:

Neste momento, sugiro que você faça uma reflexão profunda e examine sua consciência. Pergunte a si mesmo: a quem preciso perdoar? De quem devo buscar perdão?

CAPÍTULO V
DERRUBANDO MUROS, CONSTRUINDO PONTES

Fatores teológicos:

Princípios Cristãos.

❖ O perdão não depende de vontade, pensamento ou sentimento

Quebrando as paredes da separação!

Tenho grande apreço por esse princípio. Não o vejo de maneira religiosa, mas como uma qualidade de vida e uma revolução científica. Se lermos a parábola encontrada em Mateus 18:21-35, sem viés ou preconceito, que frequentemente nos limita, podemos compreendê-la claramente. Trata-se de um tesouro oculto no qual é válido investir tempo e cavar profundamente – a surpresa, com certeza, virá.

O texto evidencia um princípio extremamente eficaz, relativo ao assunto que estamos discutindo. Ele narra sobre um Rei que resolveu acertar contas com seus colaboradores. Cada um apresentava-se individualmente para tal. Um deles devia ao Rei dez mil talentos. Se considerarmos que um talento corresponde a aproximadamente 34.600 kg de ouro, a dívida de 10.000 talentos ultrapassa nossa simples compreensão

Considerando o grama do ouro avaliado em R$ 190,00, podemos tentar imaginar o montante dessa dívida. Esse era o valor que o colaborador devia ao Rei. Contudo, ele se aproximou, se ajoelhou e pediu clemência e perdão pelo débito, uma quantia que era, na prática, impagável.

Já que o ato de perdoar significa soltar, desamarrar, deixar livre e deixar ir, o colaborador foi liberado de sua gigantesca dívida.

A didática e a metodologia de ensino de Jesus estão evidentes nesta parábola, que realmente nos faz refletir. Em termos práticos, o Rei perdoou toda a dívida e libertou o devedor. Contudo, esse mesmo servo, que havia sido perdoado de tal grande dívida, encontrou alguém que lhe devia cem denários – o equivalente a 100 dias de trabalho ou, em média, quinze mil reais, uma dívida totalmente pagável. No entanto, o texto deixa claro que ele agiu de forma oposta ao tratamento que recebera de seu Rei. Ele não teve piedade de seu conservo e o mandou para a prisão até que pagasse toda a dívida

O Rei, ao saber da injustiça cometida por aquele que havia sido perdoado de uma dívida imensa, chamou-o e cobrou uma explicação.

Nota-se que, mesmo tendo sido perdoado, se não perdoarmos os outros, a dívida retorna.

"Servo malvado e infiel, porque não perdoaste a dívida do seu conservo, serás entregue aos verdugos, até que pague tudo o que me deve."

Sua dívida, que anteriormente fora anulada, retornou devido à sua falta de misericórdia. Além disso, ele foi entregue aos verdugos, que etimologicamente referem-se a "espíritos malignos atormentadores". "Assim fará, também, meu Pai celestial, se do coração não perdoardes, cada um a seu irmão, as suas ofensas."

É algo profundo e sério!

Na oração do Pai Nosso, também ensinada por Jesus aos discípulos, é destacado que só seremos perdoados se perdoarmos:

"Perdoa as nossas dívidas assim como perdoamos aos nossos devedores".

Na essência, damos a Deus a autorização para nos perdoar apenas se também perdoarmos.

Por muitos anos, repeti esta oração sem refletir em seu significado.

Alguém poderia questionar: "É possível perdoar sem ser cristão?" Eu responderia: sim, certamente. Todo princípio divino, quando aplicado, funciona. Amar, perdoar, servir... Pois guardar rancor é uma reação humana, mas perdoar é divino.

Temos notado que existem várias categorias de mágoas. As mais recorrentes são três:

- Para com Deus
- Para com os outros
- Para consigo mesmo

❖ PERDOAR A DEUS

Algo que pode parecer estranho, mas em momentos difíceis culpamos Deus por ocorrências em nossa vida – tragédias, perda de entes queridos, entre outros. Você pode se perguntar: Como assim? Em face de adversidades, às vezes atribuímos a culpa a Deus, seja de forma consciente ou inconsciente.

Perguntas surgem na mente: Por que Deus não protegeu? Por que permitiu que isso acontecesse? Por que não evitou?

Como determinar se estou ressentido com Deus? Conheço pessoas que, após enfrentarem certas situações, eliminaram de suas vidas qualquer aspecto relacionado à espiritualidade, religião, lideranças religiosas e até se autodenominaram ateias ou sem qualquer crença.

Um exemplo é o professor, personagem do filme "Deus Não Está Morto". Nele, é questionável a sua tentativa de impor suas descrenças aos alunos. Embora seja aceitável que cada um tenha suas convicções, rejeitar Deus pode ter consequências negativas para aqueles ao seu redor. Muitos que afirmam não acreditar em Deus, na realidade, sentem aversão a Ele por algum motivo. Afinal, como desprezar algo que alegadamente não existe? Reflexivo, não? Imagino que perdoar Deus implica reconhecer nossa limitação e humildade perante sua imensidão. Essa percepção muitas vezes está associada a uma visão de um Deus punitivo, algo que frequentemente nos é ensinado.

Reconhecer isso não é tarefa simples, mas é certamente possível!

❖ PERDOAR AO PRÓXIMO

Às vezes, não conseguimos perdoar outros por injustiças sofridas, palavras maldosas, agressões verbais, físicas e emocionais, abusos morais e sexuais, oriundos de pais, avós, professores e outros.

Como saber se estamos magoados com alguém? É simples: Os pensamentos se fixam nessas pessoas, nos acontecimentos, nas palavras e sentimentos. Geralmente, buscamos alguém para compartilhar o quanto fomos feridos. A mente se torna refém dessa dor. Acabamos, sem perceber, contaminando os outros com esse sentimento.

Estar próximo de pessoas assim afetadas nos faz mal. É semelhante a consumir água contaminada. Muitas vezes, quando dominados pela mágoa, buscamos quem concorde conosco, que reconheça nossa dor e se compadeça. Esse comportamento é prejudicial para as emoções. Aumenta a dor e pode dificultar ou até prolongar o processo de cura. Revisitar constantemente essas mágoas pode criar um ciclo de dor que persiste por gerações. É nocivo.

Adotei o hábito, ao longo dos anos, de não abordar temas que ainda não estejam resolvidos internamente. Quando estava redigindo este livro, uma situação que percebi como injusta me afetou a tal ponto que fiquei quatro meses sem revisar este material. Hoje, olhando para o passado, vejo o quão crucial foi aquele evento para uma importante decisão em minha vida. Existe aprendizado e propósito em tudo.

Um aluno meu, proprietário de extensas terras agrícolas, amável e respeitado na comunidade, me contou algo após uma aula de Desenvolvimento Comportamental: "Professora, há 20 anos não conversamos com nossos vizinhos de fronteira. E nem sei o motivo. Minha família sempre falou mal deles e nós seguimos o mesmo padrão." Ao abordar o assunto com seu pai, descobriu que nem ele lembrava a razão. Ele buscou reconciliação, e o vizinho se surpreendeu positivamente. A sabedoria superou ressentimentos, derrubando muros e construindo pontes entre as famílias. A real satisfação é poder auxiliar pessoas a transformarem suas vidas de forma tão significativa.

Colocar princípios em prática é revigorante!

Gostaria de compartilhar um pensamento: "Melhor é ter qualidade de vida do que estar certo." Mesmo quando temos razão, o que ganhamos com isso? A paz e a qualidade de vida transcendem o estar certo. A recompensa desse entendimento é como um diamante: originado de carvão, mas que, sob pressão e calor, torna-se uma joia. Adoro a analogia: os diamantes são formados sob pressão. Da mesma forma, a verdadeira alegria, muitas vezes, reside em não exigir que nossos direitos prevaleçam.

"Melhor é ter qualidade de vida do que ter razão".

❖ PERDOAR A SI MESMO

Perdoar não é natural, é transcendental. Perdoar a si mesmo por erros cometidos, impulsos da adolescência ou acidentes, muitas vezes, é mais desafiador do que perdoar terceiros.

Conheço indivíduos que se atormentam por trivialidades, segredos que jamais revelaram. Guardam-nos como se estivessem em uma caixa preta. Infantilidades ou até mesmo tradições e costumes rejeitados pela sociedade, que levam à autodestruição e à baixa autoestima.

O perdão não se baseia na nossa vontade, pensamentos ou emoções. Perdoar é uma decisão deliberada. É um imperativo. Não naturalmente desejamos perdoar; muitas vezes, sentimos o impulso da vingança.

Perdoar é decidir.

É abrir mão de ter sempre a razão.

É um sacrifício aparente em prol de um ganho real.

No fim, é uma obediência a Deus.

Mas, como saber que realmente perdoamos?

É quando esquecemos? Não necessariamente.

É quando podemos discutir certos tópicos sem dor, sem lágrimas ou voz trêmula. É como uma cicatriz – a marca ainda está lá, mas não há mais dor. Quando reflito sobre o comportamento de meu pai, parece algo tão distante, quase inalcançável. Sinto que preciso escavar profundamente para acessar essas memórias. Muitos eventos e aprendizados sobrepujaram o período de mágoa e ressentimento: estudos, novos conhecimentos, decisões, perdão e a desmistificação de crenças antigas e raízes de rejeição.

Airam está curada e escolheu um estilo de vida onde não há lugar para mágoas e ressentimentos.

*"Ficar com mágoas é humano,
perdoar é divino!"*

O ser humano que decide quebrar as paredes da separação é digno de honra.

Outro aspecto é:

❖ QUANDO DEVO PERDOAR?

Quando estou certo?

Veja bem, qual é a importância de estarmos certos perante uma saúde emocional abundante? A capacidade de escolha, ao decidir perdoar, marca um divisor de águas em nossa história emocional e física.

Estar certo ou errado não contribui para a cura da alma e do corpo. Trata-se de uma decisão inteligente.

"E perdoa-nos as nossas dívidas, assim como nós perdoamos aos nossos devedores"[25]

Como mencionei, o maior ato de inteligência é construído por meio das decisões que tomamos. Optar por perdoar como um padrão de comportamento é vivenciar algo além do que os olhos podem ver. *"Porque o que vemos é temporal, mas o que não vemos é eterno"*.

A paz que prevalece;

O reino inabalável;

A vida que flui;

Os pensamentos que libertam;

As emoções que não definem minha existência;

---

[25] Mateus 6:12

Tudo isso colabora e é crucial para um novo começo, uma nova vida. E, mais importante, para deixar um legado às futuras gerações. O pai ou a mãe que evita criticar à mesa deixa um legado de sabedoria aos filhos.

Expressar-se verbalmente ajuda na liberação do perdão. Pronunciar com palavras. Perdoar antes que as mágoas se fixem em nossa memória é essencial! Decidir por vontade própria, com sinceridade, é viver plenamente a liberdade.

Perdoar, sempre!

Pedir perdão não é tarefa fácil. Requer a renúncia da própria imagem e de direitos pessoais.

Adotei um estilo de vida único e significativo como meu código de conduta. Monitorando constantemente meus atos, palavras, pensamentos e atitudes. Assim, magoo menos e, consequentemente, tenho menos necessidade de corrigir e pedir perdão.

Com frequência, ouvimos que devemos "colocar uma pedra sobre o assunto". Se adotarmos essa prática, nossa vida se tornará uma muralha intransponível. Vale lembrar que perdoar é remover, abandonar e não acumular ressentimentos. É derrubar barreiras e construir conexões.

Quando um casal, ou qualquer outro tipo de relacionamento, acumula ressentimentos, sem perceber, acabam elevando o tom de voz. Cada um de um lado do muro, e já não conseguem mais ouvir um ao outro.

Se precisamos gritar para sermos ouvidos, perdemos a autoridade que tínhamos.

❖ QUANDO PEDIR PERDÃO?

Sempre que magoar ou perceber que feriu alguém.

É crucial entender que o confronto não deve ser recheado de justificativas, como "Foi você que começou". Esse é um momento para se apresentar de forma genuína, buscando verdadeiramente o perdão. Solicitando com sinceridade: "Por favor, me perdoe". Não existe coração tão resistente que não se comova com um sincero "você é importante para mim". Muitas vezes, pessoas machucadas se magoam mesmo sem a intenção do outro.

O assassino de Green River, matou mais de 40 mulheres. Segundo a análise da Psicologia, os psicopatas e sociopatas não tem sentimentos. Eles não se movem diante de emoções como choro, tristeza...No júri popular, as mulheres vitimas que estavam lá, xingavam, desejavam a morte, porém em seu semblante não havia reação. Houve uma grande surpresa quando o pai de uma mulher que fora morta por ele, subiu ao púlpito do júri e com as seguintes palavras: - *Eu ...extremamente triste, porém, como homem cristão que sou, decido te perdoar de todo o coração.* Neste momento aquele assassino caiu em prantos.

"Mesmo o coração de um psicopata não resiste a uma liberação de perdão."

Você pode questionar: "E se a pessoa não quiser perdoar?" Nesse cenário, faça a sua parte e continue a estender a mão, expressando-se com delicadeza. Isso trará tranquilidade ao seu espírito. Na hora certa, a consciência e o discernimento emergirão, e a harmonia será restaurada. Falo com convicção, como alguém que já trilhou muito esse caminho.

Em algumas ocasiões, pessoas vieram até mim pedindo perdão. Como de costume, questionei o motivo. As respostas variavam, mas muitas vezes eram algo como: "Porque eu não simpatizava muito com você". Esse tipo de abordagem não é apropriado. Se até então não havia ressentimentos, agora pode haver. Não ter afinidade com alguém não requer um pedido de desculpas. Cada um tem suas afinidades, e isso é perfeitamente normal.

Derrubar barreiras e estabelecer conexões pode não ser tarefa simples. No entanto, a satisfação e a alegria, frutos desse esforço, são doces, revigorantes e leves.

Reflita sobre isso!

Identifique alguns muros na sua vida e pense em ma-
neiras de quebrá-los.

CAPÍTULO VI
NOVO ESTILO DE VIDA

"Perdoar é uma questão de aprendizagem"

ansiedade provocada pela mágoa diminui nossa capacidade de perdoar e amplia o risco de adoecermos. A irracionalidade provoca desequilíbrio no corpo físico e emocional, impedindo que funcione em plenitude e harmonia.

Ao aprender a perdoar, cometemos erros, mas esses deslizes são parte integrante do processo de aprendizado e autoconhecimento. Segundo Jean Piaget, "a razão é uma capacidade que se desenvolve ao longo da vida, e há uma lógica nos erros". Erros no processo de perdoar são comuns. No dia a dia, frequentemente ferimos e somos feridos, um reflexo de nossa realidade vivencial.

Idealmente, essa adaptação psicológica, de adotar o perdão como filosofia de vida, deveria ser incutida na infância. Assim, ao amadurecer, tornaria-se mais fácil viver com bem-estar e qualidade. Nesse contexto, pais e professores seriam as referências primordiais.

Cada vez que emitimos sentimentos de raiva, ódio, mágoa, rancor ou medo, afetamos a função dos órgãos, estabelecendo um padrão de disfunção orgânica. Esses sentimentos negativos são contagiosos, e se uma família tem um membro com distúrbios mentais, todos sofrem consequências e precisam de intervenção.

Dependendo da profundidade e continuidade de nossos sentimentos, podemos causar doenças em nós mesmos e em outros. Sem o devido cuidado, trocamos doenças em vez de saúde, perpetuando padrões negativos para as futuras gerações.

Mesmo sem conhecimento dessas dinâmicas, nossa responsabilidade persiste. A falta de consciência intensifica o processo de fragilidade orgânica, emocional, espiritual e relacional.

Frequências energéticas são como bumerangues: retornam trazendo equilíbrio ou desarmonias. Muitas vezes, tratamentos médicos tradicionais não surtem efeito, pois as causas subjacentes são energeticamente complexas.

Imagine que a doença causada em certos órgãos por emoções negativas cria uma "ferida energética". Simplesmente afastar pensamentos negativos não é suficiente; é preciso uma mudança profunda em nossas atitudes e emoções.

A falta de perdão intensifica o estresse e requer uma mudança profunda em nossas percepções e mentalidades. A energia negativa gerada por sentimentos como a mágoa é extremamente prejudicial. Pessoas impactadas por essas emoções tendem a reagir impulsivamente.

---

*"As reações de pessoas infectadas
pela mágoa são reativas."*

A compreensão de mundo é completamente diferente da realidade. É ofuscada e deturpada. Pensemos assim:

Os olhos da alma, quando contaminados pela mágoa, são ofuscados por miopia[26] e astigmatismo[27]. Não existem lentes que resolvam este problema, exceto acessar o sistema nervoso central das emoções.

O que me parece realmente preocupante são as mentiras vestidas de verdades que o ser humano começa a perceber através de olhos contaminados. É inútil e até poderia dizer injusto tentar evidenciar a visão turva de alguém nesta situação.

---

[26] Miopia, dificuldade para enxergar de longe.
[27] Astigmatismo, faz com que a visão não consiga formar uma imagem nítida independentemente da distância.

Se minha voz pudesse ser ouvida, gritaria ao mundo inteiro:

"Não vale a pena viver em guerra com o nosso homem interior. Jamais iríamos prevalecer!"

Vale mais que todos os tesouros do mundo ser livre e colaborar no processo de liberdade com aqueles ao nosso redor. É gratificante! Não vale a pena estar em conflito com o nosso interior. Nunca prevaleceríamos. A ânsia de sempre querer provar algo, mostrar o que tem, fazer prevalecer o conhecimento, é característica de um ser nesse estado. Por que? Embora quase imperceptível aos olhos, é uma grande fonte de desconforto, e até diria um tormento, para quem convive com esses sintomas. "Fica mais barato perdoar"

O atual ritmo de vida, em nome da modernidade, frequentemente nos impede de parar e refletir racionalmente sobre uma vida que vale a pena. Viver sob o peso da mágoa, com desejos de vingança e retaliação, nos mantém em constante alerta; sempre esperando receber o que emitimos. Esse estado alimenta os medos, aumenta a ansiedade e faz o corpo produzir excessivamente hormônios e substâncias químicas associadas ao perigo, causando falhas nos sistemas orgânicos e, consequentemente, originando mais doenças, afirma Dr. Américo Canhoto.

As consequências da mágoa e do ressentimento são como esgotos expostos, poluentes e voláteis, que vão muito além do que podemos imaginar. Podemos dizer com certeza que são causas de divórcios, feminicídios, tragédias e inúmeros outros sofrimentos na humanidade.

---

*"O perdão é o antídoto para a despoluição
e desinfecção da alma."*

Ensinar a perdoar e evitar a vingança é parte da cura. O perdão é o antídoto para purificar e desinfectar a alma. Estou plenamente convencida de que perdoar é uma questão de educação e saúde pública, e não apenas de cunho religioso. Afinal, muitas vezes o ato de perdoar já não é ensinado nem nos meios tidos como "religiosos". Conviver com pessoas resistentes ao perdão é como caminhar em campos minados sem saber onde pisar. A explosão pode ocorrer a qualquer momento!

Entristece-me perceber o foco em cuidar das águas, do planeta, da poluição sonora e da preservação de espécies (não que eu seja contra isso), mas me pergunto: E quanto à nossa espécie? E a educação? E a liberdade de instituições, religiosas ou não, de atuar com voluntários em ONGs, OSCIPs e outros?

O que é mais importante: o berço ou o bebê? Parece que, atualmente, o berço tem sido priorizado. A ética, a moral, os princípios e valores emergem de um coração curado. Aqueles feridos pelas injustiças disseminam o que foi semeado neles.

"O perdão é bálsamo que cura. É a força do dínamo que explode o lixo entulhado no mais íntimo do ser."

Um coração saudável não busca artifícios como subornos e propinas, nem a prática do *"toma lá, dá cá"*. É como diz o provérbio: *"A sanguessuga tem duas filhas: 'Me dá!' e 'Me dá!'"*. Um coração contente busca servir, ajudar, doar e cooperar. Só conseguimos dar o que temos. Se cultivamos um coração perdoador, perdoamos sempre, antes mesmo que a mágoa alcance nossas emoções e marque nossa memória.

Pode surgir a questão: E quando somos vítimas de injustiças, devo perdoar? O perdão é o bálsamo que cura, a força que elimina os resíduos acumulados no nosso íntimo. Peço a você, leitor deste livro, que não permita a degeneração de sua essência antes de perdoar. Eu experimentei isso, como no Salmo 32:3: *"Enquanto eu me calei, envelheceram os meus ossos..."* Não vale a pena.

Não existe dor ou rejeição que não possa ser perdoada. A verdadeira liberdade, inerente ao ato de perdoar, é destinada àqueles que perdoam. Os que não perdoam são prisioneiros atrás de grades imaginárias.

A oncologia sugere que células cancerígenas surgem de reações rebeldes, evoluindo de pequenas lesões reversíveis até formar um câncer fatal.

Uma aluna, pouco antes de um curso comigo, passou por uma cirurgia para remover nódulos malignos do seio esquerdo. Surpreendentemente, dois meses depois, o seio direito também apresentava nódulos. Após uma aula, ela compartilhou comigo um incidente ocorrido pouco antes do diagnóstico. Considero esse incidente bastante grave. Ela decidiu perdoar a pessoa envolvida e, após o curso, soube que, ao se preparar para a nova cirurgia, os nódulos haviam desaparecido. Coincidência? Prefiro acreditar no poder curativo do perdão.

Um dos problemas mais sérios que percebo é quando herdamos mágoas de nossos pais e avós, como se já nascêssemos com uma predisposição à amargura. Quando isso é cultural e familiar, o caminho para a libertação e cura pode ser mais longo, mas é plenamente possível.

Durante a infância, muitas vezes adotamos dos adultos suas formas de adoecer. É essencial transformar crenças e valores, até mesmo a forma como pensamos. Gosto de ressaltar a contribuição da neurociência, que nos mostra que aprendemos através da repetição. Quanto mais perdoamos, mais nos acostumamos com essa atitude, transformando-a em um estilo de vida. Isso pode resultar em menos enfermidades psíquicas e psicossomáticas.

A prática do perdão aprimora nossos relacionamentos, sejam eles pessoais, interpessoais ou intrapessoais. Tornamo-nos mais amáveis, menos irritáveis, mais tolerantes e, consequentemente, uma companhia mais agradável.

Uma aluna minha, que nutria um profundo rancor contra sua sogra por dezoito anos, uma vez se viu tocada por uma de nossas aulas sobre o tema. Ela visitou a sogra, que estava à beira da morte no hospital, e ambas se reconciliaram profundamente antes do falecimento da sogra naquele mesmo dia. Parecia que a sogra estava à espera desse momento de reconciliação.

É gratificante ver como podemos impactar positivamente vidas com ensinamentos como este. Os conselhos que damos refletem nosso mundo interior. Para mim, a última ação de Jesus na cruz, o perdão, é uma lição de vida. Escolho perdoar no primeiro impulso emocional, no exato momento em que surge o primeiro pensamento. Assim, não alimento rancor e a paz prevalece em meu coração. Perdoar é um símbolo de paz.

Ser proativo nos conduz a um estado de serenidade e contentamento, mesmo diante dos obstáculos da vida. Mesmo que nossas aflições atuais não estejam diretamente ligadas a ressentimentos, o ato de perdoar previne o acúmulo de mágoas e nos protege de futuros riscos.

"A maior vingança é perdoar o ofensor!"

Somente os sábios perdoam. Agressões e retaliações são características dos fracos, dos pouco inteligentes e dos medrosos.

Para reflexão:

Perdoar não significa concordar com o outro, dar razão, compactuar ou compartilhar erros.

Na sua fase inicial, perdoar é aprender a cuidar da própria vida e permitir que os outros façam o mesmo.

Ainda na Pedagogia de Jesus, aprecio o encontro dele com Maria Madalena. Jesus não concordava com o comportamento daquela mulher, contudo, escreveu na areia, trazendo sabedoria para si, e desferiu um golpe fatal naqueles que a acusavam. Ele a perdoou e não a condenou, ao contrário dos demais.

Não necessariamente precisamos concordar com as atitudes e comportamentos dos outros, mas podemos perdoar, conviver, amar os diferentes e tolerar as diferenças. Ser diferente não é um erro, mesmo que pareça ser aos meus olhos.

Na jornada da vida, agimos e reagimos com base nas feridas ou na sanidade do coração.

Perdoar é símbolo de paz!

❖ **Dica: Tente transformar sua mágoa em poesia.**

O poema a seguir foi escrito em um momento de extrema injustiça. Quando pessoas, que considerávamos amigos, agiram sorrateiramente, tentando nos prejudicar, tanto a mim quanto ao meu esposo, de forma completamente injusta. No entanto, a injustiça sempre acaba sendo revelada. Teríamos todas as razões para agir por nossos próprios meios, incluindo um processo jurídico. Porém, uma voz em meu coração ecoou mais alto que qualquer decepção, dizendo: *"Nada se resolve com vingança"*. Assim, optei pelo caminho mais elevado e decidi apenas escrever, transformando minha decepção em poesia.

Resolvi não retaliar e comecei a escrever, dando ao ofensor o pseudônimo de "A Fera", e me senti imensamente liberta.

Por isso a necessidade de praticar "A Dinâmica do Perdão!

A Fera e a Fúria

A fera que não domina a fúria
A fúria que mata a fera
A fera no âmago do irracional
No prazer e deleite do ilegal
        Corroendo a alma e o espírito
        Buscando autoafirmação
        No desespero de aceitação
        Negligenciando a ética da ação
Na dinâmica do ciúme
Na pró-atividade da inveja e cobiça
No desalento e desamor
Desleal para o serviço
        O tempo passa, e nada
        Vivendo do próprio veneno
        Rompendo relacionamentos
        No solitário viver do nada ameno
A doença chega junto
Tentando gritar que está errado
Os neurônios já não suportam
Tantas sinapses de calamidade
        Sem golpes de sanidade
        Sem perspectiva de bondade
        Influenciando a sociedade
        A continuar no ermo da maldade
Já não há Liberdade
De lutar pela paz
De amar até o sagaz
Involuntário e nada mais!
        Não sem oportunidade
        De conhecer a bondade
        Volúvel e perspicaz
        Decidindo sua vontade
Sem diferença fazer
O tempo passou e se perdeu!
E sem outra oportunidade
Fera nasceu e na fúria morreu!

(Maria Aparecida Rabaaiolli - 12/09/2007)

❖ Sobre a Autora

Maria Aparecida de Souza Rabaiolli é brasileira, nascida em Cambira-PR em 11/03/1961. Primeira filha de um casal de agricultores, hoje reside em Toledo-PR. Esposa de Luiz Carlos Rabaiolli. Roger e Sarah, filhos do ventre e Janaine e Lucas, filhos do coração. Avó de Brenno, Benjamin, Gabriel e Matias.

- ❖ Doutora em Ciências Políticas da Educação com Tese e pesquisa na Pedagogia de Jesus.
- ❖ Mestra em Ciências da Educação e Teologia

❖ Especialista em Ciências da Educação e Psicologia Comportamental

❖ Graduada em Pedagogia e Teologia.

Professora por opção, desde alfabetização à mestrado. Como Psicopedagoga e Neuropedagoga atua como palestrante e instrutora de treinamentos cooperativistas, empresariais e educacionais nas áreas de Desenvolvimento Comportamental.

Apaixonada pelo ensino, Maria Aparecida desenvolve seu trabalho com dedicação e coração. Vê o ser humano como protagonista em sua atuação e tem como objetivo de vida "capacitar vidas e deixar um legado para sua geração".

É autora dos livros; "A Pedagogia de Jesus" e "A Dinâmica do Perdão".

Acima de tudo, apaixonada por Cristo!

www.ingramcontent.com/pod-product-compliance
Lightning Source LLC
Chambersburg PA
CBHW070657250726
48662CB00001B/174